AF150633

Gustav Erlenkötter

Lesebuch für die Mittelklasse der Elementarschule

Gustav Erlenkötter

Lesebuch für die Mittelklasse der Elementarschule

ISBN/EAN: 9783743325364

Hergestellt in Europa, USA, Kanada, Australien, Japan

Cover: Foto ©Paul-Georg Meister /pixelio.de

Manufactured and distributed by brebook publishing software
(www.brebook.com)

Gustav Erlenkötter

Lesebuch für die Mittelklasse der Elementarschule

Lesebuch

für die

Mittelklasse der Elementarschule.

Herausgegeben

von

G. Erlenkötter,

Lehrer in Hoboken.

Philadelphia & Leipzig.

Verlag von Schäfer & Koradi.

1871.

Entered according to act of Congress, in the year 1871 by
SCHÆFER & KORADI,
in the Office of the Librarian of Congress, at Washington.

Vorrede.

Bei der Anfertigung dieses zweiten, so wie des dritten Lesebuches haben den Verfasser folgende Grundsätze geleitet:

1. Die Lesestücke sollen entweder ganz im Bereiche der Fassungskraft der Schüler liegen, oder doch leicht dahin gebracht werden können.

2. Aller Lesestoff soll streng vom Leichteren zum Schwereren fortschreitend geordnet sein.

3. Nur das Beste der Jugendliteratur soll Aufnahme finden; aber auch nichts Wesentliches wegbleiben.

4. Die Lesestücke sollen alle einen moralischen Werth enthalten, um bei gehöriger Verwendung das Herz und den Geist des Schülers zu veredeln.

5. Die Poesie soll ebenso vertreten sein, wie die Prosa und meist mit verwandtem Inhalte.

6. Die poetischen Lesestücke sollen s p ä t e r zu Umschreibungen und zum Auswendiglernen verwendet werden können.

Hoboken 1869.

Der Verfasser.

Inhaltsverzeichniß
des
Lesebuches für die Mittelklasse.

___

I. Abtheilung.
Beschreibungen.

II. Abtheilung.
Erzählungen und Gedichte.

1. Abtheilung.

Beschreibungen und Gedichte.

———

1. Das Schulzimmer.

Ich bin hier in der Schule. In der Schule sind viele Kinder, Knaben und Mädchen. An dem Schulzimmer sind vier Wände. Ueber mir ist die Decke und unter mir der Fußboden. Der Fußboden, die Decke und die vier Wände sind flach. Was flach ist, nennt man eine Fläche. Wie viele Flächen hat also das Schulzimmer? Jede dieser Flächen hat vier Ecken, ist viereckig. Die Decke ist von Holz, Lehm und Kalk verfertigt. Die Wände bestehen aus Holz, Lehm oder Steinen und Kalk. Wenn die Decke und Wände beschmutzt sind, so werden sie gekälkt, oder mit Tapeten beklebt. Der Fußboden ist aus Brettern gemacht. Die Bretter werden aus Bäumen geschnitten.

Im Schulzimmer ist es hell. Das Licht kommt durch die Fenster. Die Fenster befinden sich in den Wänden. Jedes Fenster besteht aus zwei oder mehreren Theilen. In jedem Fenster sind mehrere Scheiben. Die Fensterscheiben sind von Glas. Durch das Glas kann man sehen, es ist durchsichtig. Wie viele Fenster sind an diesem Schulzimmer? Die Fensterscheiben befinden sich in einem Rahmen. Dieser Rahmen ist von Holz. An dem Schulzimmer ist auch eine Thür. Die Thür ist von Holz und viereckig. Man kann sie öffnen und schließen. Durch die Thür geht man ein und aus. Die Thür, die Fensterrahmen und den Fußboden macht der Schreiner. Die Wände und die Decke werden vom Maurer verfertigt.

1

2. Das Kind in der Schule.

Hör', was wir in der Schule treiben:
Da lernen wir lesen, rechnen und schreiben;
Auch manch' schönes Lied wird da gesungen,
Und auf dem Spielplatz lustig gesprungen.
Geht's dann wieder zur Schule hinein
So sitzen wir stille und lernen fein.
Endlich heißt es: zu, zu!
Macht's Buch zu!
Aus, aus ———
Die Schul' ist aus; nun geht's nach Haus.
Dann fragt der Papa,
Sowie die Mama:
Ist mein Kind auch fleißig gewesen?
Hat's hübsch geschrieben und deutlich gelesen?
Und kann dann das Kindchen sagen: Ja!
So freuen sich herzlich Papa und Mama.

3. Der Tisch und die Bank.

Im Schulzimmer sind viele Gegenstände, nämlich: Tische, Bänke, Tafeln, Griffeln, Federn, Dinte, Kreide u. s. w. An den Tisch setzen sich die Schüler. Die Tische sind vom Tischler aus Holz verfertigt. Der Tisch hat Füße und eine Platte. Unter der Tischplatte befindet sich ein Brett, auf welches man die Bücher und Tafeln legt. Wenn ich lese, so lege ich mein Buch, und wenn ich schreibe, die Tafel auf den Tisch. In den Tischen befinden sich auch oft Dinten= fässer. In den Dintenfässern ist die Dinte.

An dem Tische befindet sich eine Bank. Auf der Bank sitzen die Schüler. Die Bank ist ebenfalls vom Schreiner aus Holz verfertigt. Die Bank hat, sowie der Tisch, Füße. Der Tisch und die Bank sind gleich lang. Die Bank ist nicht so hoch als der Tisch. Die Bank ist oft am Tische be= festigt. Worin sind sich also Tisch und Bank ähnlich und worin unähnlich?

4. Der Truthahn.

„Hört, Kinder, das will ich euch sagen:
Ihr müßt euch artig betragen,
Das Lärmen und Zanken schickt sich nicht;
Macht gleich auf der Stelle ein freundlich Gesicht;
Das Lärmen laßt, das Geschrei und Getös,
Sonst, Kinder, das merkt, sonst werd' ich bös!"
    Da kam auf den Hof von ungefähr
Ein Knabe mit rother Mütze her.
Da wurde gar bös der Truthahn dort
Und lärmte und schrie: „Die Mütze fort!"
Der Knabe sprach lachend: „Herr Puterhahn,
Was hat dir denn meine Mütze gethan?"

Hey.

5. Das Buch.

Ich habe ein Buch. In dem Buche lese ich. Es ist mein
Lesebuch. Das Lesebuch hat einen Einband und viele Blätter. Der Einband besteht aus dem Rücken und zwei De-
ckeln. Die Blätter sind von Papier. Jedes Blatt hat zwei
Seiten. Wie viele Seiten hat dieses Lesebuch? Auf den
Blättern stehen Sätze und Wörter, welche ich lesen lerne.
Der Buchdrucker druckt das Buch und der Buchbinder bindet es. Die Sätze in dem Buche bestehen aus Wörtern,
die Wörter aus Silben und die Silben aus Buchstaben.
Wenn ich die Sätze, Wörter, Silben und Buchstaben aus-
spreche, so kann ich sie hören. Mache ich die Buchstaben hör-
bar, so spreche ich Laute aus. Ein Laut, oder mehrere Laute
bilden eine Silbe. Eine Silbe, oder mehrere Silben machen
ein Wort aus. Es giebt also einsilbige und mehrsilbige
Wörter. Ein Wort oder mehrere Wörter bilden einen Satz.
Der Satz: „ich bin ein Schüler" besteht aus vier Wörtern.
Wie heißt das erste, das zweite, das dritte und das vierte
Wort? Das Wort „Schüler" besteht aus zwei Silben.
Wie heißt die erste, wie die zweite? Die Silbe „Schü"
hat zwei Laute und die Silbe „ler" hat drei Laute. Wie
heißen sie?

6. Kind und Buch.

Kind. Komm' her einmal, du liebes Buch;
Sie sagen immer, du seist so klug.
Vater und Mutter, die haben gerne,
Daß ich viel Gutes aus dir lerne;
Drum will ich dich halten an mein Ohr,
Nun sag' mir all' deine Sachen vor.

Was ist denn das für ein Eigensinn?
Siehst du denn nicht, daß ich eilig bin?
Möchte gern spielen und springen herum,
Und du bleibst immer so stumm und dumm?
Geh', garstiges Buch, du ärgerst mich,
Dort in die Ecke werf' ich dich!

Hey.

7. Die Tafel und das Schreibbuch.

In der Schule lerne ich auch schreiben. Ich schreibe auf die Tafel. Die Tafel ist von Stein. Diesen Stein nennt man Schieferstein. Die Tafel ist also eine Schiefertafel. Eine gute Schiefertafel ist glatt. Die Tafel hat einen Rahmen und vier Ecken. An der Wand hängt auch eine Tafel, welche Wandtafel heisst. Sie ist entweder von Holz, oder von Schieferstein. Die Wandtafel ist meiner Tafel ähnlich, denn beide sind schwarz, haben einen Rahmen und vier Ecken. Die Wandtafel ist aber viel länger und breiter, als meine Tafel. Hierin sind sie sich also unähnlich. Auf die Wandtafel schreibt der Lehrer mit Kreide; auf meine Tafel aber schreibe ich und zwar mit einem Griffel. Der Griffel ist auch ein Schieferstein. Der Schieferstein wird aus der Erde gegraben. Die Schiefertafel heisst auch Rechentafel.

Man schreibt auch ins Schreibbuch. Dazu gebraucht man Feder und Dinte. Das Schreibbuch hat der Buchbinder geheftet und beschnitten. Es besteht aus Schreibpapier und einem Umschlage. Auch werden Linien in das Schreibbuch gemacht, damit man besser grade schreiben kann. Du darfst dein Schreibbuch nicht beschmutzen.

8. Rüstigkeit.

Frisch gethan und nicht gesäumt!
Was im Weg' ist, weggeräumt!
Was dir fehlet, such' geschwind!
Ordnung lerne früh', mein Kind!

Aus dem Bett' und nicht gesäumt!
Nicht bei hellem Tag geträumt!
Erst die Arbeit, dann das Spiel!
Nach der Reise kommt das Ziel!

Schnell besonnen, nicht geträumt!
Nichts vergessen, nichts versäumt!
Nichts blos obenhin gemacht!
Was du thu'st, darauf gib' Acht!

9. Die Feder und die Dinte.

Die Schreibfeder ist von Stahl gemacht, drum heißt sie Stahlfeder. Zu ihr gehört ein Federhalter. Dieser ist meistens von Holz. Die Feder hat eine zweitheilige Spitze. Man kann auch mit einer Gänsefeder schreiben. Diese muß vorher geschnitten werden. Durch den Spalt der Feder fließt die Dinte auf das Papier, sie ist flüssig. Die gewöhnliche Dinte ist schwarz. Es gibt auch rothe, blaue und grüne Dinte. Gute schwarze Dinte ist so schwarz wie ein Rabe, oder eine Kohle. Man sagt dann: sie ist kohl=raben=schwarz. Die Dinte ist in den Dintenfässern. Die stillstehende Dinte hat eine wagerechte Oberfläche. Feder und Dinte nehmen einen Raum ein; es sind Körper. Beide dienen zum Schreiben; deßhalb nennt man sie Schreibmaterialien. Die Dinte ist ein flüssiger, die Feder ein fester Körper. Die Dinte nimmt man in die Feder, die Feder aber in die Hand. Beide führt man auf's Papier. Die Federn werden gezählt, die Dinte wird gemessen. Die Dinte wird in Krügen aufbewahrt; die Federn aber in Schachteln. Worin sind sich beide ähnlich und worin unähnlich?

2

10. Die Feder.

Knabe: „Feder, das ist nichts Schönes von dir,
Daß du so ungeschickt bist bei mir!
Schreibst mit der Schwester so schön und geschwind;
Bei mir es nur Hühnertappen sind,
Komm Feder, gieb dir rechte Müh',
Daß ich auch so schön kann schreiben wie sie!"

Die Feder sagte nicht ein Wort,
Sie machte still ihre Striche fort.
Das Kind auch führte sie ganz sacht,
Bei jedem Buchstaben mit Bedacht;
Bald standen alle die Zeichen da,
Daß Jedes dran seine Freude sah.

Hey.

11. Das Federmesser.

Mit dem Federmesser schneidet man Federn und Bleistifte. Es besteht aus zwei Theilen: der Klinge und dem Hefte. Der Theil des Messers, womit man schneidet, ist die Klinge. Die Klinge ist von Stahl und scharf geschliffen. Sie hat eine Spitze, eine Schärfe oder Schneide, einen Rücken und zwei Seiten. Die Klinge des Messers ist mit einem, oder zwei Stiften in das Heft geheftet. Das Heft besteht aus zwei Schalen, zwei Plättchen und einer Feder. Die Schalen sind meistens aus Horn, Elfenbein oder Holz, die Plättchen aus Eisen und die Federn aus Stahl verfertigt. Die Schalen sind die äußern Theile des Heftes. Unter den Schalen befinden sich die Plättchen. Zwischen diesen liegt die Feder. Schale, Feder und Plättchen sind durch Stifte mit einander befestigt. Zwischen den beiden eisernen Plättchen ist die Schneide. Beim Zumachen des Messers bringt man die Klinge in diese Scheide. Beim Oeffnen und Zumachen des Messers biegt sich die Feder und springt dann in ihre vorige Lage zurück. Wer verfertigt das Federmesser und andere Messer?

12. Die Frau und das Mäuschen.

Frau: „Mäuschen, was schleppst du dort
    Mir das Stück Zucker fort?"

Maus: Liebe Frau, ach vergieb,
    Habe vier Kinder lieb;
    Waren so hungrig noch,
    Gute Frau, laß mir's doch!

    Da lachte die Frau in ihrem Sinn
    Und sagte: „Nun, Mäuschen, so lauf'nur hin!
    Ich wollte ja meinem Kinde so eben
    Auch etwas für den Hunger geben."

    Das Mäuschen lief fort, o wie geschwind!
    Die Frau ging fröhlich zu ihrem Kind.

Hey.

13. Das Haus.

Ich wohne in einem Hause. In unserm Hause wohnen auch meine Eltern und Geschwister. Das Haus schützt uns vor Regen, Schnee und Kälte. Es besteht aus mehreren Theilen. Es hat eine Grundmauer. Auf dieser Grundmauer stehen die vier Seitenwände, nämlich zwei Breiten= und zwei Längenwände. Die Wände sind entweder aus Ziegelsteinen, oder Holz, Lehm und Kalk gebaut. In den Wänden sind Thüren und Fenster. Nicht alle Häuser sind gleich hoch. Es giebt ein= und mehrstöckige Häuser. Der oberste Theil des Hauses ist das Dach. Das Dach ist oft spitz, oft flach. Flache Dächer werden mit Zinkplatten und spitze Dächer mit Holzplatten gedeckt. Das Dach ruht auf starken Balken und diese ruhen auf den Mauern. Das Haus hat viele Räume. Der untere Theil heißt der Keller und dient zum Aufbewahren von Kohlen, Holz, Kartoffeln, Gemüse u. s. w. Im untersten Stockwerke befinden sich meistens die Hausflur, die Küche und die Wohnstube. In der Hausflur sind die Treppen. In der Küche ist ein Ofen oder Kamin, ein Küchenschrank, Töpfe, Teller, Kessel, Schüsseln, Eimer u. s. w.

8

In der Wohnstube befinden sich: Tische, Stühle, Oesen, Schränke, Spiegel, Sopha u. s. w. In den oberen Stockwerken findet man mehrere Zimmer, welche entweder auch zu Wohnungen, oder zu Schlafzimmern benutzt werden. Welche Gegenstände findet man im Schlafzimmer? Jedes Haus hat auch einen, oder mehrere Schornsteine. Ein Haus kostet vieles Geld, denn es müssen viele Menschen daran arbeiten. Es arbeiten daran: Maurer, Zimmerleute, Schreiner, Schmiede, Anstreicher, Glaser u. s. w. Sie heißen Handwerker. Sie gebrauchen dazu verschiedene Baumaterialien, als: Steine, Lehm, Sand, Kalk, Holz, Eisen, Glas u. s. w.

14. Der Zimmermann.

Seh't mir nur den Zimmermann, welch' selt'ne Kunst er üben kann! Was steht, bringt er zum Sturz; was lang ist, macht er kurz; das Runde macht er grad'; das Rauhe macht er glatt; was krumm ist, macht er gleich; so ist an Kunst er reich. Das Einzelne ihm nicht genügt, zum Ganzen schnell er's fügt; doch was kommt da heraus?—Aus Balken wird ein Haus! Ein Haus für's gute Kind, dass es drin Eltern find', die sorgsam es bewahren vor Seel- und Leibsgefahren. Den Zimmermann das Kind d'rum liebt, der ihm den Schutz des Hauses gibt. FRÖBEL.

15. Vogel am Fenster.

An das Fenster klopft es: „pick! pick! pick!
Macht mir doch auf einen Augenblick.
Dick fällt der Schnee, der Wind geht kalt,
Habe kein Futter, erfriere bald.
Lieben Leute, o laßt mich ein,
Will auch immer recht artig sein."
Sie ließen ihn ein in seiner Noth,
Er suchte sich manches Krümchen Brod,
Blieb fröhlich manche Woche da;
Doch als die Sonne durch's Fenster sah,
Da saß er immer so traurig dort;
Sie machten ihm auf: Husch, war er fort!
Hey.

16. Der Tisch und der Stuhl.

Am Tische unterscheiden wir drei Theile: die Platte, die Zarge und die Füße. Die Platte ist entweder viereckig, oder rund. Sie besteht aus mehreren Stücken, welche entweder in einander gefügt, oder an einander geleimt sind. Runde Tische haben in der Regel nur einen Fuß. Die Zarge besteht aus vier Stücken. In derselben ist meist eine Schublade. Der Tisch wird vom Schreiner verfertigt und ist ein Hausgeräth.

Der Stuhl besteht ebenfalls aus drei Theilen: dem Fußgestell, dem Sitze und der Lehne. Das Fußgestell hat meist vier Füße. Diese sind entweder gerade, oder geschweift. Sie sind durch Sprossen mit einander verbunden und dienen zur Befestigung. Die beiden Hinterfüße bilden in ihrer Verlängerung die Lehne. Auf den Füßen, ungefähr in der Mitte des Stuhles, ist der Sitz angebracht. Dieser ist meistens viereckig, entweder von Holz, oder von Rohr geflochten, oder mit Pferdehaaren gepolstert. Auch der Stuhl ist ein Hausgeräth und vom Schreiner und Polsterer gemacht. Worin sind sich Tisch und Stuhl ähnlich und worin sind sie unähnlich?

17. Der brummende Kater.

Es war einmal ein Kater,
Der brummte täglich sehr;
Da sprach zu ihm sein Vater:
„Komm, Söhnchen, einmal her!"
Und als das Söhnchen zu ihm kam,
Der Vater einen Maulkorb nahm
Und steckt ihm Nas' und Maul hinein,
Damit er lerne freundlich sein
Und knurre künftig nicht so sehr.
Da ging er sehr betrübt einher
Und knurrte ferner gar nicht mehr.
Ein Jeder merke sich die Lehr'!
Sonst kommt des Kindes Väterchen
Und thut ihm wie dem Käterchen.

HEY.

18. Der Ofen.

In der Wohnstube ist ein Ofen, welcher zur Erwärmung der Stube dient. Er besteht aus drei Theilen: dem eigentlichen Ofen, dem Fuße und den Röhren. Er ist entweder aus Eisen gegossen, oder aus Eisenplatten geschmiedet. Es giebt auch Oefen, welche aus Porzellanerde gebacken sind. Ungefähr in der Mitte des Ofens ist ein eiserner Rost. Wenn man einheizen will, so legt man auf diesen Rost Stroh, Holz, Torf, Kohlen, oder andere Brennmaterialien und zündet diese an. An der Vorderseite des Ofens sind zwei Thürchen, eins oberhalb und eins unterhalb des Rostes. Durch das obere Thürchen legt man Brennmaterialien hinein und durch das untere Thürchen gelangt die Luft zum Feuer. Ohne Luft würde es nicht brennen. Das Uebriggebliebene der Brennstoffe heißt Asche. Sie fällt durch den Rost in den Aschebehälter. Dieser ist eine eiserne Schublade im Fuße des Ofens. Der Ofen hat auch einen Deckel. Die Röhren sind von dünnen Eisenplatten. Durch sie geht der Rauch vom Feuer in den Schornstein und durch diesen in die freie Luft. In der Ofenröhre ist ein Schieber, womit man das Feuer dämpfen kann. Die Ofenröhre hat meistens zwei Biegungen, eine nahe am Ofen und die andere nahe am Schornsteine. Wer verfertigt den Ofen und die Röhre?

19. Hund und Katze.

Zum Herrn kam Hund und Katze herein, verklagten einander mit Heulen und Schrein: „Hund hat mich so sehr ins Bein gebissen!" „„Und mir hat Kätzchen die Nase zerrissen!"" „Hund hat in der Küche genascht den Braten!" „„Das Kätzchen ist über die Milch gerathen!""

Was sagte der Herr zu ihrem Streit? Er suchte den Stock, der war nicht weit. Ihr habt Euch Beide einander nicht lieb, und Eins wie das Andere ist ein Dieb! Drum mögt ihr Beide Euch nur bekehren, sonst soll der Stock Euch Besseres lehren!

Wenn sich nun Zwei nicht können vertragen, so heißt es von ihnen bis zur jetzigen Stund': „Sie leben zusammen wie Katz' und Hund."   Hey.

20. Die Uhr.

Um genau die Zeit des Tages zu wissen, hat man eine Uhr. Die Uhr, welche an der Wand hängt, heißt Wanduhr, oder Hausuhr. Der Kasten um die Uhr heißt Uhrkasten. Am Aeußern der Uhr sieht man das Zifferblatt, die Zeiger, die Ziffern und das Pendel. Auf dem Zifferblatte stehen in einem Ringe die Ziffern von 1 bis 12. Die beiden Zeiger bewegen sich in einem Kreise auf dem Zifferblatte. Der kleine Zeiger zeigt an, welche Stunde des Tages wir haben und heißt Stundenzeiger. Der lange Zeiger gibt an, wie viele Minuten von der Stunde schon verflossen sind. Dieser heißt deßhalb Minutenzeiger. Der Stundenzeiger rückt in einer Stunde von einer Ziffer zur nächsten. Der Minutenzeiger aber durchläuft in einer Stunde alle Ziffern. Eine Stunde hat 60 Minuten, folglich ist von einer Zahl zur andern 5 Minuten. Das Pendel bewegt sich beständig hin und her und tickt bei jedem Pendelschlage. Manche Uhr schlägt auch die Anzahl der Stunden, entweder auf eine Feder von Stahl, oder eine Glocke.

Im Innern der Uhr sind die Räder und die Stahlfedern. Die Räder sind entweder von Holz, Messing, oder Stahl. Außer den Wanduhren giebt es noch: Taschenuhren, Sanduhren und Sonnenuhren. Der äußere Kasten der Taschenuhr heißt das Gehäuse. Er ist entweder von Silber, oder von Gold. Wer verfertigt die Uhren?

21. Die Glocke und die Uhr.

Es schlägt die Glocke Kling und Klang. Du Knab', die Stunden sind nicht lang, Du Knab', die Stunden fliehen schnell, Sei du ein fleissiger Gesell!

Wer träg' und faul die Zeit verthut, Der borgt zuletzt sich Schuh und Hut, Und hat er Hunger, hat er Durst: Ihm fehlen Bier und Brod und Wurst.

Mit ihrem Tiktak spricht die Uhr: "Mein Knab', du lebst ein Weilchen nur. Ein jeder neue Stundenschlag Gemahnt dich an den letzten Tag. Von deiner Wiege bis zum Grab Ist kurz der Weg; dies merk' dir, Knab'!"

22. Der Hund.

Es gibt verschiedene Arten Hunde. Die größte und stärkste Art sind die Doggen und die Metzgerhunde. Die kleinsten sind die Schoßhündchen. Noch andere sind: Jagdhunde, Dachshunde, Schäferhunde, Pudel, Windhunde, Möpse und Spitze. Der Hund hat einen länglich-spitzen Kopf und meist lange, herabhängende Ohren. Sein Körper ist mit Haaren bewachsen, die oft kurz, oft lang, bald glatt, bald kraus und von verschiedener Farbe sind. Bei den Pudelhunden sind sie kraus. Die Hunde haben vier Füße, bringen lebendige Junge zur Welt und säugen sie eine Zeitlang; sie gehören zu den Säugethieren. Jeder Vorderfuß des Hundes hat fünf und jeder Hinterfuß vier Zehen. Die Zehen haben scharfe, unbewegliche Klauen, mit welchen er gern scharrt. Die Zähne des Hundes sind spitz und scharf. Sein Geruch ist besonders fein: denn er sucht damit das entfernte Wild, sowie seinen Herrn auf. Den Schwanz trägt er meist in die Höhe gerichtet und gekrümmt. Einige Leute schneiden dem Hunde die Ohren und den Schwanz ab; dies ist jedoch großes Unrecht. Der Hund frißt gern Brod, Fleisch, Gemüse, und meist Alles, was dem Menschen zur Nahrung dient. Er ist ein treues Thier, deßhalb liebt ihn der Mensch. Er wird oft zum Vergnügen gehalten, oft aber auch zur Verrichtung mancher Künste abgerichtet, denn er ist ein gehorsames, gelehriges und kluges Thier. Am Tage schläft er viel und bewacht dafür des Nachts das Haus. Oft trifft es auch, daß ein Hund toll wird. Dann ist er für Menschen und Thiere sehr gefährlich.

23. Der Knabe und das Hündchen.

Knabe. „Komm nun, mein Hündchen, zu deinem Herrn,
        Ordentlich gerade sitzen lern'!"

Hündchen. „Ach, soll ich schon lernen und bin so klein:
          Ach, laß es doch noch ein Weilchen sein."

Knabe. „Nein, Hündchen, es geht am besten früh:
        Denn später macht es dir große Müh'."

Das Hündchen lernte, bald war's gescheh'n,
Da konnt' es schon sitzen und aufrecht geh'n,
Getrost in das tiefste Wasser springen
Und schnell das Verlor'ne wieder bringen.
Der Knabe sah seine Lust daran,
Lernt' auch und wurde ein kluger Mann.

Hey.

24. Die Katze.

Die Katze ist ebenfalls ein Hausthier, so wie der Hund.
Man hält sie aber nicht der Treue wegen; denn sie ist sehr
falsch. Auch wird sie nicht zu Künsten abgerichtet. Wenn
der Hund des Nachts das Haus vor äußern Feinden bewahrt,
so befreit die Katze dasselbe von innern. Sie fängt Mäuse,
Ratten und Vögel, die ihre liebste Nahrung ausmachen.
Doch frißt sie auch von den Speisen der Menschen und nascht
sehr gern, besonders Milch.

Die Katze hat einen langen, mit Haaren dick bedeckten Leib
und einen beinahe runden Kopf. Ihre Ohren sind spitzig,
und ihre Augen, welche im Dunkeln leuchten, beinahe rund.
Man hat Katzen von verschiedener Farbe. Es giebt schwarze,
weiße, graue, gelbe Katzen. Der Schwanz der Katze ist
oft über einen Fuß lang und läuft vorn spitz zu. Sie hat
30 Zähne. Die Vorderfüße der Katze haben jeder 5, jeder
der Hinterfüße 4 scharfe Klauen, welche man Krallen nennt.
Sie ist überall auf der Erde anzutreffen und wird ihrer Rein=
lichkeit wegen geliebt. Ihr Fleisch wird selten gegessen, da=
gegen ihr Fett oft benutzt. Aus ihren Därmen macht man
Saiten. Die männliche Katze heißt Kater. Die Katze
bringt jährlich 3 bis 4 Junge zur Welt, die sie säugt. Zu
welchen Thieren gehört sie also?

25. Kätzchen.

Knabe. Kätzchen, warum wäscht du dich
Alle halbe Stunden? sprich!

Kätzchen. "Weil es gar zu hässlich steht,
Wenn man nicht recht sauber geht;

Köpfchen, Pfötchen, Alles rein,
Anders darf's bei mir nicht sein."
 Unser Kätzchen, hört ich dann,
Stand in Ehren bei Jedermann,
Sie liessen es gern in die Stube kommen
Und haben's wohl gar auf den Schooss genommen.
Ich denke, das Waschen und das Putzen
Hat ihm gebracht so grossen Nutzen.

26. Das Pferd.

Das Pferd ist ein schönes, schlank gebautes Thier und wird 4 bis 5 Fuß hoch. Das männliche Pferd heißt Hengst und das weibliche Stute. Es bringt alle Jahre ein Junges zur Welt, welches Füllen heißt, und säugt es eine Zeit lang. Es gehört sowohl zu den Säugethieren, als auch zu den Hausthieren. Man hat Pferde von verschiedener Farbe. Schwarze Pferde heißen Rappen und weiße Schimmel. Das Pferd wird auch Roß genannt. Es hat einen länglichen Kopf, kleine und spitze Ohren, welche in die Höhe gerichtet sind. Sein Hals ist lang, breit, schön gebogen und mit langen Haaren geziert, die man Mähne nennt. Die Brust des Pferdes ist breit und sein Rücken rund. Der Leib des Pferdes ist mit kurzen Haaren bedeckt; der Schwanz ist mit langen Haaren geziert. Seine Füße haben Hufe von Horn und sind nicht gespalten. Man schlägt dem Pferde Eisen unter dieses Huf, damit es fest und sicher gehen kann. Diese Eisen heißen Hufeisen. Fast überall auf der Erde lebt das Pferd. Es ist gelehrig, treu, schnell und stark. Der Mensch benutzt es zum Reiten, zum Lasttragen und zum Ziehen. Das Fleisch des Pferdes wird selten gegessen, aber aus seiner Haut wird Leder gemacht. Die Haare aus dem Schwanze, oder Schweife des Pferdes werden zu Violinbogen, Kappen und andern Sachen gebraucht. Die kürzern Haare werden zum Polstern der Stühle und Betten benutzt. Aus dem Hufe werden Knöpfe, Kämme u. s. w. gemacht. Des Pferdes Nahrung besteht in Hafer, Brod, Gras, Heu, Klee, Häcksel u. s. w.

27. Das leichtsinnige Pferd.

Ein junges, muth'ges Roß,
Dem Arbeit nicht so wohl gefiel,
Als Freiheit, Müßiggang und Spiel,
Riß sich von seinem Joche los,
Und floh davon auf grüne Weiden.
O, welche Freuden!

Der Lenz und Sommer strich
In frohem Müssiggange hin,
Ihm kam die Zukunft nicht in Sinn;
Es sprang umher und freute sich;
Allein der Winter nahm die Freuden
Den grünen Weiden.

Die Wiesen wurden leer,
Die Luft durchströmt ein rauher Nord,
Das Pferdchen floh von Ort zu Ort,
Und fand kein Dach, kein Futter mehr.
Jetzt warf es ängstlich seine Blicke
Auf sich zurücke.

„Ich Thor! rief es, ach! ach!
Hätt' ich die kurze, schöne Zeit
Das Bischen Arbeit nicht gescheut:
Jetzt hätt' ich Hafer, Heu und Dach!
Wie schändlich, für so kurze Freuden
So lang zu leiden."

28. Der Esel.

Den Esel findet man nicht so häufig als das Pferd. Am
häufigsten findet man ihn in gebirgigen Gegenden, wo er
zum Lasttragen und Reiten gebraucht wird, denn er hat einen
langsamen, doch sichern Gang. Der Körper des Esels ist
mit kurzen Haaren bedeckt, welche meist grau sind. Zuweilen sieht man auch schwarz-braune Esel. Der Kopf des
Esels ist länglich, die Ohren sind sehr lang, der Hals ist
gerade, die Brust ziemlich breit, der Rücken gerade und die

Füsse sind mit ungespaltenen Hufen versehen. Er bringt sowie das Pferd, alle Jahre ein Junges zur Welt, welches Füllen heisst. Das Fleisch des Esels wird nicht gegessen, sein Huf aber verarbeitet und aus seiner Haut Leder und Pergament gemacht. Die Eselsmilch soll sehr gesund sein. Die Nahrung des Esels ist der des Pferdes gleich; auch frisst er gerne Disteln.

29. Knabe und Esel.

Knabe. „Esel, du Fauler, so geh' doch fort!
    Schleichst ja wie die Schnecke dort."

Esel. „Laß doch! Lauf' ich auch nicht mit Hast,
    Trag' ich doch redlich meine Last.
    Mancherlei Dienst' der Herr begehrt;
    Mich für die Säcke, zum Laufen das Pferd."
    Und als die Tagesmüh' war aus,
    Kam auch der Esel sacht' nach Haus,
    Hatte sein Plätzchen im Stalle beim Pferd,
    Fand sein Futter, wie er's begehrt',
    Streckt' auf die Streu' sich mit Bedacht,
    Schlief gar ruhig die ganze Nacht.

Hey.

30. Die Kuh.

Unter allen Hausthieren ist die Kuh das nützlichste. Sie hat einen plumpen Körper und einen länglichen, beinahe viereckigen Kopf. Die Haut der Kuh ist mit kurzen Haaren bedeckt, welche verschiedene Farben haben. Sie hat zwei Hörner, mit welchen sie sich vertheidigt. Jeder Fuß hat zwei große Hufe und ein kleines Huf. Die Hinterfüße dienen ihr, wie die Hörner, zur Waffe. Sie hat ein Euter mit vier Zitzen und wirft alle Jahre ein Junges, welches man Kalb nennt. Das Kalb wird mehrere Wochen mit Milch gefüttert. Von der Kuh erhalten wir Milch, woraus Butter und Käse gemacht wird. Das Fleisch der Kuh wird sowohl frisch, als auch geräuchert gegessen und ist eine wohlschmeckende und nahrhafte Speise. Aus dem Fette der Kuh werden

Talglichter und Seife gemacht. Aus den Hörnern verfertigt man Pfeifenspitzen, Messerhefte, Kämme u. s. w. Die Haut wird vom Gerber zu Leder bereitet, und die Haare gebraucht der Sattler und der Maurer. Auch wird die Kuh zum Ziehen gebraucht. Das männliche Rind heißt Ochse. Der Ochse ist größer und stärker als die Kuh, wird besonders zum Pflügen und Ziehen gebraucht, gemästet und geschlachtet. Er ist ein dummes Thier und oft so böse, daß er Menschen angreift, sie mit seinen Hörnern in die Höhe wirft und oft gar durchbohrt. Die Nahrung der Kuh und des Ochsen besteht in Gras, Heu, Klee, Kartoffeln, Möhren, Rüben, Mehl und anderen Sachen. Das Futter verschluckt die Kuh und der Ochse zuerst beinahe ganz in den Vordermagen, dann wird es noch einmal gekäuet und wieder verschluckt. Deßhalb nennt man sie auch wiederkäuende Thiere.

31. Knabe und Kuh.

„Kuh, die weiße Milch uns giebt, bist ja heute so betrübt; sprangst auf der grünen Weide doch gestern so froh mit dem Kälbchen noch; heute sprichst du kläglich: Muh, muh! Sag, was fehlt dir, liebe Kuh!"

Ach, der Fleischer ist früh gekommen, hat mir mein buntes Kälbchen genommen, hetzte die bösen Hunde ihm nach, gab ihm gar manchen harten Schlag Kind darf froh bei den Eltern sein, Fleischer macht todt das Kälbchen mein!

Hey.

32. Die Ziege.

In manchem Stalle findet man außer der Kuh auch eine Ziege. Sie ist viel kleiner als die Kuh. Ihr Körper ist mit langen Haaren bedeckt, welche oft weiß, grau, schwarz oder scheckig sind. Manche Ziegen haben zwei rückwärts gebogene Hörner. Sie hat am Kinn einen langen Bart. Ihr Schwanz ist kurz und ihre Beine sind dünn. Die männliche Ziege heißt Bock; die weibliche wird auch Geis genannt. Sie bringt alle Jahre zwei Junge zur Welt, die man Lämmchen nennt. Ihre Milch ist sehr nahrhaft und

3

gesund. Man findet die Ziege überall auf der Erde. Sie klettert gern, ist sehr neugierig, naschhaft und läßt sich necken. Von ihr benutzt man dasselbe, wie von der Kuh; sie frißt dasselbe Futter und ist auch wie diese ein wiederkäuendes Säugethier.

33. Die Ziege.

Knabe: "Ziege, wolltest du mir wohl sagen,
    Warum du must Bart und Hörner tragen?"

Ziege: Den Bart hab' ich, dass du kannst zupfen d'ran,
    So lange mir das Spiel steht an;
    Die Hörner, dass ich dich fort kann jagen,
    Wenn ich's nicht länger will ertragen.

    Da lachte der Knabe: "Wir wollen seh'n;"
Er fasst sie an dem Bart, sie liess es geschehn;
Nun macht er's zu arg, sie stieg in die Höh'
Und stiess ihn recht tüchtig; er rief: "O weh'!"
Doch bald hatte er wieder sein Leid vergessen
Und holte ihr ein Bündelchen zu fressen.

HEY.

34. Das Schaf.

Das Schaf ist mir das liebste Hausthier. Es stößt und beißt nicht, läßt gern mit sich spielen und macht oft drollige Sprünge. Das junge Schaf heißt auch Lämmchen und wird von seiner Mutter gesäugt, geliebkos't und geleckt. Es wächst bis zu zwei Fuß Höhe. Am ganzen Körper hat es feine, krause Haare, die man Wolle nennt; nur am untern Theile des Kopfes und der Füße sind sie ganz klein und nicht kraus. Die Wolle hat meist eine gelblich weiße Farbe; doch giebt es auch weiße und gefleckte Schafe. Das Schaf hat eine breite Brust, einen kurzen Hals, einen langen, runden Rücken, einen langen, herabhängenden Schwanz und vier schmale Beine mit gespaltenem Hufe.

35. Das Lämmchen.

Das Lämmchen auf grünender Weide
Umhüpft seine Mutter voll Freude.
Möchtest du so ein Lämmchen wohl sein?
Doch lernt's blos trinken und essen,
Wird bald seine Mutter vergessen,
Wird essend und trinkend wohl größer,
Doch nimmermehr weiser und besser;
Ich möchte das Lämmchen nicht sein.

36. Das Schwein.

Kennt ihr auch das Hausthier, welches immer im Kothe wühlt, viel frißt, und dabei grunzt? O gewiß, es ist das Schwein. Es wird ziemlich groß, und hat starke, lange Haare, welche man Borsten nennt. Aus den Borsten des Schweines werden Bürsten gemacht. Der Kopf des Schweines ist groß und dick, mit vollen Backen und einer spitzen Schnauze, die man Rüssel nennt; dagegen sind die Augen sehr klein. Der Hals ist kurz, zusammengedrückt und steif. Sein Rücken ist rund und breit, sein Schwanz lang und schmal und meistens zusammengerollt. Die Füße des Schweines sind kurz und jeder hat vier Zehen mit einem kleinen Hufe. Das männliche Schwein heißt Eber, das weibliche Sau und das junge Ferkel. Es giebt in vielen Gegenden auch wilde Schweine. Die zahmen Schweine werden nur des Nutzens wegen gehalten, indem man sie mästet und dann schlachtet, um ihr Fleisch zu benutzen. Das Futter besteht in Gras, Klee, Kohl, Salat, Milch, Kartoffeln, Mehl, Getreide, Eicheln und andern Sachen. Das Fleisch des Schweines ist fett, wohlschmeckend und nahrhaft.

37. Knabe und Schwein.

Knabe. „Ei, sag mir doch, was kann das sein,
Was dich so kümmert, armes Schwein?
Du sitzest da vor deinem Haus
Und siehst ganz bitterböse aus.

Sei doch so gut, ich bitte dich,
Belehr' darüber gründlich mich!"

Schwein. Du weißt, wie nützlich daß ich bin,
Ich gebe Leib und Leben hin;
Doch weil mir Reinlichkeit nicht eigen,
Will Niemand sich mir günstig zeigen.
Man hat, weil mich ein Fehler plagt,
All' meiner Tugend nimmer Acht.

38. Das Huhn.

Das Huhn ist ebenfalls ein Hausthier und zwar ein Hausvogel. Ich kenne auch noch andere Hausvögel, z. B. die Taube und den Kanarienvogel. Das Huhn ist aber seines Nutzens wegen der allgemein verbreitetste Hausvogel. Es hat rothes, warmes Blut, legt Eier und brütet daraus seine Jungen, welche man Küchlein nennt. Der Körper des Huhnes ist, wie bei allen Vögeln, ganz mit Federn bedeckt. Es hat einen Leib, einen Kopf, einen Schnabel, Flügel, Schwanz und zwei Füße. Am Schnabel und dem untern Fuße hat es keine Federn. Auf dem Kopfe hat es einen fleischigen Lappen, welcher oft aufrecht steht, auch oft gebogen über eine Seite des Kopfes liegt. Dieser Fleischlappen ist meist gezackt und heißt Kamm. Unten am Kopfe hat es ebenfalls zwei Läppchen, die aber kleiner sind und Kehlläpp=chen, oder auch Ballen genannt werden. Beim Männchen des Huhnes, das man Hahn nennt, sind die Läppchen, sowie der Kamm, viel größer. Die Federn des Schwanzes und der Flügel sind größer als am übrigen Körper. Das Huhn trägt meist die Federn des Schwanzes in die Höhe gerichtet. Der Hahn hat größere und schön gebogene Federn im Schwanze. Die längsten Federn der Flügel heißen Schwungfedern, weil es sich damit in die Höhe schwingt. An jedem Fuße sind vier Zehen; eine steht nach hinten und drei stehn nach vorn. Der Hahn hat außerdem über der hin=tern Zehe noch einen Sporn, der ihm zum Kampfe dient. Er ist ein wachsames Hausthier und verkündet durch sein Krähen den herannahenden Morgen.

39. Der Hahn.

Horch, horch! der Hahn ist schon wach!
So früh, Herr Hahn? Kaum graut der Tag,
Da kommt mit stolzen Schritten
Der Hahn einhergeschritten.

Und kikriki! Hof ein, Hof aus,
Da muß der höchste Ton heraus.
Er kann sich nicht bezwingen,
Sein Morgenlied zu singen.

Ja, ja! ich hör es, wack'rer Hahn,
Du kündest uns den Morgen an
Und mahnest durch dein Krähen,
Frühzeitig aufzustehen.

Du rufst uns zu: die Morgenstund',
Ihr Leute, die hat Gold im Mund',
Steht auf, ihr fleiß'gen Kinder,
Jetzt lernt ihr viel geschwinder.

Drum kräh' nur fort durch Hof und Haus,
In einem Nu bin ich hinaus;
Magst nun die Faulen wecken,
Die sich erst lange strecken.

40. Die Taube.

Die Taube ist ein beliebter und allgemein verbreiteter Hausvogel. Ihr Nutzen ist gering und sie wird fast ausschliesslich nur zum Vergnügen gehalten. Der Körper der Taube ist grösstentheils wie bei andern Vögeln. Sie hat am Halse einen Kropf, aus welchem sie ihre Jungen füttert. Die Taube legt jedesmal zwei Eier und brütet diese in Zeit von 14 Tagen aus. Sie brütet wohl 6 bis 8 mal im Jahre. Das Männchen der Taube heisst Tauber. Das Männchen girrt sehr schön, macht artige Complimente und ist besonders des Morgens früh wach und munter. Man hat viele Arten von Tauben. Die gewöhnlichsten sind die Feldtauben, sie holen sich häufig von den Getreidefeldern ihre Nahrung. Eine andere Art sind die Kropftauben, wegen ihres grossen Kropfes so genannt. Sie ist die grösste Sorte. Die kleinsten sind die Mövchen, oder Kurzschnäbel. Sie haben einen kleinen gebogenen Schnabel und eine Federlocke auf der Brust. Andere heissen Tummler und schlagen beim Fliegen in der Luft ein Rad. Es giebt auch wilde Tauben, welche man Turteltauben und Ringeltauben nennt. Die Haustauben lassen sich sehr gut zähmen. Oft können sie stundenweit ihre Heimath wiederfinden. Ihre Nahrung besteht in Getreidekörnern, Oelsamen, Erbsen, Brod, Kartoffeln u. s. w.

41. Die Tauben.

Kommt, liebe Täubchen, meine Gäste, mit Freundlichkeit lad' ich euch ein; kommt, kommt, ihr sollt von mir auf's Beste mit Futter hier bewirthet sein. Ei, wie geschwind vom Dache nieder das kleine munt're Völkchen schießt! Wie schön ihr farbiges Gefieder im Fluge durcheinander fließt! Der Raum ist klein, und doch vertragen sie ohne Neid sich brüderlich; und, ohne sich was abzujagen, nimmt jede, was sie find't, für sich. So machen es nicht alle Kinder; oft sorgt ein Kind allein für sich, und streitet sich um Mehr und Minder, verträgt sich selten brüderlich. Nein, nie will ich von Neid entbrennen: von euch, ihr Täubchen, so belehrt, will ich auch Andern Gutes gönnen und nehmen nur, was mir gehört.

42. Knabe und Vogel.

Vogel: „Knabe, ich bitte dich, so sehr ich kann: O rühre mein kleines Nest nicht an! O sieh' mit deinen Blicken nicht hin, Es liegen ja meine Kinder d'rin. Die werden erschrecken und ängstlich schrein, Wenn du schaust mit den großen Augen hinein."

Wohl sähe der Knabe das Nestchen gern; Doch stand er behutsam still von fern; Da kam der arme Vogel zur Ruh, Flog hin und deckte die Kleinen zu; Und sah so freundlich den Knaben an: „Hab' Dank, daß du ihnen kein Leid gethan."

43. Der Schwan.

Der Schwan ist ein großer, schöner Vogel. Er hat zartes, schneeweißes Gefieder, welches in der Jugend grau ist. Der große, schöne Schnabel ist pomeranzenfarbig und hat an der Wurzel einen schwarzen Höcker. Die hakenförmige Spitze des Schnabels ist schwarz, die kurzen Füße sind röthlich schwarz. Die Zehen sind mit einer Schwimmhaut verbunden. Der Schwan ist daher ein Schwimmvogel und wird als Zierde auf Teichen, Seen und andern Gewässern gehalten. Er fliegt gut, hoch und schnell, schwimmt sehr geschickt und bedient sich seiner Flügel als Segel und als Waffe zu seiner Vertheidigung. Sein zierlich gebogener Hals, die schön gewölbte Brust, die Haltung der Flügel geben diesem Vogel ein herrliches Ansehen. Er nistet auf Teichen im Schilf. Das Weibchen macht aus Binsen und dergleichen ein großes Nest, füttert es mit seinen Brustfedern aus und legt 6—8 grünlich weiße Eier hinein. Als Speise ist nur der junge Schwan angenehm. Seine Nahrung besteht aus Wasserpflanzen, Wasserinsekten und Sämereien. Man füttert ihn mit Getreide, gequellten Erbsen und Brod. Wenn im Winter das Wasser fest zufriert, so nimmt man ihn in den Stall. Die mit Flaumfedern dick besetzte Haut giebt ein köstliches Pelzwerk. Die Federkiele aus den Flügeln dienen zum Schreiben, und die ganzen Flügel werden als Federwische benutzt. Die übrigen Federn, vorzüglich die Dunen, oder Flaumfedern werden zu Betten gebraucht. Die gewöhnliche Stimme des zahmen Schwanes ist mehr dumpf, als hell, ein Zischen oder Kreischen. Man hat im Alterthum viel über den Schwanengesang gefabelt.

44. Haeslein.

Unterm Tannenbaum im Gras' sitzt gar wichtig dort der Has', wichst den Bart und spitzt das Ohr, duckt sich nieder, guckt hervor, zupft und leckt sich, rupft und reckt sich; endlich macht er einen Sprung: hei, was bin ich für ein Jung'! Schneller noch, als Hirsch und Reh, spring ich auf und ab

die Höh', wer ist's, der mich fangen kann? Tausend Hund'
und hundert Mann, gleich will ich's mit ihnen wagen, soll
mich keiner doch erjagen. Und der Graf in seinem Schloss
hat im ganzen Stall kein Ross und auch keinen Reiterknecht,
der mir nachgaloppen möcht'. „Häslein, nimm dich doch in
Acht, Hund und Jäger schleichen sacht! Eh' du's denkst, da
zuckt es roth, und der Jäger schiesst dich todt." Aber's
Häslein hat sich jetzt wie ein Männlein hingesetzt, schaut
nicht auf und schaut nicht um.—„Bst! wer kommt so still
und stumm dort durch Busch und Dorn und Korn mit
dem Stutz' und Pulverhorn? Hu, der Jäger ist es schon!
Häslein, Häslein, spring' davon!" 's ist zu spät, es blitzt und
pufft, und der Rauch steigt in die Luft; und das Häslein
liegt, o weh! todtgeschossen in dem Klee.

45. Die Biene.

Die Biene ist ein Insekt (Kerbthier). Ihr Körper besteht
aus dem Kopfe, dem Vorder= und Hinterleibe. An dem
Kopfe hat sie starke Freßwerkzeuge, nebst einem Rüssel. Am
Vorderleibe sitzen 4 Flügel und 6 Beine. Der Hinterleib
hat viele Einschnitte oder Kerbe, und in demselben befindet
sich ein Stachel. Ihr Körper ist mit feinen Haaren bewach=
sen und hat eine schwarzbraune Farbe. Die Bienen leben
in einer geordneten, zahlreichen Gesellschaft, die man
Schwarm nennt. Ein Schwarm besteht aus einer Königin,
oder einem Weibchen, einigen Drohnen, oder männlichen Bie=
nen und, wenn derselbe stark ist, aus 12—20,000 Ge=
schlechtslosen, oder Arbeitsbienen. Die Königin legt Eier,
aus denen die jungen Bienen entstehen. Nur e i n e Königin
wird im Schwarme geduldet. Die Arbeitsbienen bauen die
regelmäßigen, sechseckigen Zellen. Die zusammenhängenden
Zellen heißen Waben. Auch füttern die Arbeitsbienen junge
Bienen und fliegen umher von Blume zu Blume, um Honig
zu sammeln. Den gesammelten Honig tragen sie in die
Zellen und verkleben die vollen mit einem weißen, dünnen,
durchsichtigen Deckel. Einige halten am Eingange ihrer
Wohnung Wache, damit kein Feind eindringe. Andere rei=

nigen bie Wohnung unb tragen ben Schmutz unb bie Tobten
hinaus. Jst ein Schwarm überstark geworden, bann verläßt
ein Theil unb bie Königin bie Wohnung, aber nur bei hei=
term Wetter. Diese bauen sich an einem anbern Orte an.
Aus ben Waben wirb ber Wachs bereitet. Ein starker
Schwarm sammelt in einem günstigen Jahre 30—50 Pfb.
Honig. Von ben Bienen können wir Fleiß, Orbnung unb
Folgsamkeit lernen.

46. Die Bienen.

Kleine Vögel seh'n wir fliegen,
 Honigvögelein genannt:
Setzen sich auf ihren Zügen
 Auf ber Blumen bunten Ranb.
Unb sie schmausen auf ber Weibe
 In ber warmen Sonne Strahl,
Küssen auf ber bunten Haibe
 Rothe Blümchen ohne Zahl.

Doch ber Winter hält gefangen
 Unser kleines Bienenvolk,
Bis ber weiße Schnee zergangen,
 Eis unb Frost unb Nebelwolk'.
Jst ber Frühling nun erschienen,
 Weht in seiner milden Art,
Machen sich bie fleiß'gen Bienen
 Gleich auf ihre Blumenfahrt.

Krieg'risch kommen sie gezogen,
 Trommeln nach Solbatenart,
Schaaren kommen angeflogen,
 Tragen Schwerter, wohl verwahrt.
Doch sie nehmen sonder Morden
 Ihren zarten Blumenraub,
Ihre Beute ist geworden
 Honigsüßer Blumenstaub.

In des Korbes dunkler Höhle
   Zimmern sie geheim den Bau,
Fügen viele tausend Säle
   Für die königliche Frau.
Jedes Zimmer hat sechs Wände
   In dem Honigkönigreich,;
Keines Künstlers Meisterhände
   Bildeten sie diesen gleich.

Immerdar sieht man sie leben
   Ohne Hader, ohne Streit;
Sind der Arbeit stets ergeben
   In der Lenz= und Sommerzeit.
Emsig sind sie, einzutragen
   Süßer Blumen Saft und Thau,
Zimmern so mit Wohlbehagen
   Ihren wunderbaren Bau.

47. Die Kartoffel.

Diese so bekannte als nützliche Frucht erhielten wir vor stark zweihundert Jahren aus Peru. Jetzt wird sie hier überall und stark angebaut. Aus der faserigen und knolligen Wurzel kommen mehrere hin= und hergebogene, eckige, ästige, 2—3 Fuß hohe Stengel. Die gefiederten Blätter haben eiförmige, etwas zugespitzte Blättchen. Die Blumen stehen an der Spitze der Aeste in den Blattwinkeln und hinterlassen runde, grüne Beeren. Diese enthalten den Samen. Die Farbe der Blüthen ist sehr verschieden. In der Blüthe sind fünf Staubgefäße und ein Griffel. Der Kelch ist ein= blättrig. Es giebt verschiedene Arten von Kartoffeln. Der wichtigste Unterschied besteht in den Knollen. Diese sind glatt, rauh, höckrig; weiß, gelb, gelblich weiß, schwärzlich, roth, röthlich und gescheckt; rund, lang und abgeglättet. Die Größe der Knollen ist ebenfalls sehr verschieden. Auch geben sie einen verschiedenartigen Geschmack von sich und ent= halten mehr oder minder mehlartige Theile. Die Knollen verbreiten sich in der Erde an den Wurzeln der Pflanze.

Die Fortpflanzung der Kartoffeln geschieht meistens durch die Knollen. Sie können aber auch aus Samen gezogen werden. Die Knollen werden von März bis Ende Mai in die Erde gelegt. Nach 4—5 Monaten sind sie reif, werden dann ausgegraben und in trockenen Kellern aufbewahrt. Die reifen Kartoffeln werden als Nahrungsmittel zubereitet für Menschen und Thiere, auch wird Branntwein, Stärke, Mehl und Zucker daraus gemacht.

48. Der blühende Flachs.

Auf, kommt in die Felder und blühenden Au'n, Das liebliche Pflänzchen der Mädchen zu schau'n; Es wächset und grünet so freundlich und zart, Jungfräulich bescheiden in eigener Art.

Laut rauschet vom Golde der Aehren das Land; Still grünet das Pflänzchen in schlichtem Gewand; Hoch trägt es ein Krönlein von himmlischem Blau, Des Krönleins Gestein ist der funkelnde Thau.

Erst barg es die Erde im kühlenden Schooß, Dann zogen die freundlichen Lüftchen es groß. Nun woget und wallet es lieblich und schlank. Du Erde, ihr Lüftchen, habt freundlichen Dank!

Bald tragen wir sorglich das Pflänzchen hinein, Dann schmückt es den Rocken mit silbernem Schein; Wir singen zum schnurrenden Rädchen und dreh'n Die Fädchen, wie Seide so glatt und so schön.

Krummacher.

49. Der Roggen.

Der Roggen gehört zu den Gräsern. Im Monat September und später wird der Samen auf den dazu bestellten Acker gesäet. Aus dem verwesenden Körnchen entwickelt sich eine starke Pfahlwurzel und viele Nebenwurzeln. Diese treiben im Herbste nur grasartige Blätter. Im Winter scheint das Wachsthum aufzuhören. In der wärmern Frühlingszeit bildet sich die Blattscheide und aus dieser schießt ein Halm mit mehreren Knoten zu einer Höhe von 5—7 Fuß. Auf der Spitze des Halmes sitzt die Aehre. An dieser sieht

man zuerst die fadenartige Blüthe, und aus dieser bilden sich
die mehlreichen Körner, die Frucht der Pflanze. Wenn das
Korn reif ist, so sind Blätter, Halm, Aehre und Körner gold=
gelb. Dann beginnt die Ernte. Der Roggen wird abge=
schnitten, in Garben gebunden, getrocknet und in die Scheune
gebracht. Im Winter wird er ausgedroschen. Die Körner
werden zu Mehl gemahlen, und aus dem Mehle das nahr=
hafte, gesunde, wohlschmeckende Brod gebacken.

50. Der Bauersmann.

Wie nützlich ist der Bauersmann, er bauet uns das Feld;
Wer eines Bauern spotten kann, der ist ein schlechter Held.
Noch eh' die liebe Sonne kommt, geht er schon seinen Gang
und thut, was allen Menschen frommt, mit Lust und mit Ge=
sang. Im Schweisse seines Angesichts schafft er für Alle
Brod; Wir hätten ohne Bauern Nichts, die Städter litten
Noth. Und darum sei der Bauernstand uns aller Ehren
werth! Denn, kurz und gut: Wo ist das Land, das nicht
der Bauer nährt?

51. Die Zeit.

Wenn ich lese, schreibe, rechne, so gebrauche ich dazu Zeit.
Die Zeit, in der die Sonne aufgeht, heißt Morgen, und die,
in der sie untergeht, Abend. Die Zeit vom Sonnenaufgange
bis zum Sonnenuntergange ist ein Tag. Die Mitte eines
Tages heißt Mittag. Des Mittags steht die Sonne am
höchsten. Die Zeit vom Morgen bis zum Mittage heißt
Vormittag und von da bis zum Abend Nachmittag. Vom
Abend bis zum folgenden Morgen ist es Nacht. Die Mitte
der Nacht heißt Mitternacht. Die Zeit vom Sonnenauf=
gang bis zum Sonnenuntergange ist ein natürlicher Tag.
Im Sommer ist ein natürlicher Tag länger als im Winter,
weil die Sonne alsdann länger scheint.

Die Zeit von Mitternacht bis wieder Mitternacht heißt
ein bürgerlicher Tag. Ein bürgerlicher Tag wird in 24
gleiche Theile getheilt, welche man Stunden nennt. Von
Mitternacht bis Mittag sind 12 Stunden und von Mittag

bis Mitternacht wieder 12 Stunden. Eine Stunde wird in sechzig Minuten getheilt. Dreißig Minuten heißen eine halbe Stunde und fünfzehn Minuten eine Viertelstunde.

Sieben Tage heißen eine Woche. Die Namen der Wochentage sind: Sonntag, Montag, Dienstag, Mittwoch, Donnerstag, Freitag und Samstag. Der erste Tag der Woche ist der Sonntag. Er ist ein Feiertag oder Ruhetag und alle andern Tage sind Arbeitstage oder Werktage.

Zwölf Monate machen ein Jahr. Die Namen der 12 Monate heißen: Januar, Februar, März, April, Mai, Juni, Juli, August, September, Oktober, November und December. Die Monate haben nicht alle gleich viele Tage.

30 Tage haben September,
April, Juni und November;
Februar hat 28 allein,
Alle andern haben 30 und 1.

Ein Jahr besteht aus 365 Tagen und 6 Stunden. Diese 6 Stunden machen alle 4 Jahre einen Tag mehr. Dieser Tag wird dem Februar eingeschaltet und heißt Schalttag. Ein solches Jahr heißt Schaltjahr und hat alsdann 366 Tage. Das Jahr hat 4 Jahreszeiten: Frühling, Sommer, Herbst und Winter.

52. Die vier Brüder.

Vier Brüder geh'n Jahr aus, Jahr ein im ganzen Land spazieren; doch Jeder kommt für sich allein, uns Gaben zuzuführen. Der erste kommt mit leichtem Sinn in reines Blau gehüllet, streut Knospen, Blätter, Blüthen hin, die er mit Düften füllet. Der zweite tritt schon ernster auf mit Sonnenschein und Regen, streut Blumen aus in seinem Lauf, der Ernte reichen Segen. Der dritte naht mit Ueberfluß und füllet Küch' und Scheune, bringt uns zum süßesten Genuß viel Aepfel, Nüss' und Weine. Verdrießlich braust der vierte her, in Nacht und Graus gehüllet, sieht Feld und Wald und Wiesen leer, die er mit Schnee erfüllet. Wer sagt mir, wer die Brüder sind, die so einander jagen? Leicht räth' wohl ein jedes Kind, drum brauch' ich's nicht zu sagen.

4

53. Der Fruehling.

Der Frühling beginnt am 21. März und dauert drei Monate,
oder ein Vierteljahr. Bei seinem Anfange sind Tag und
Nacht gleich lang, beide dauern also 12 Stunden. Alsdann
fängt es an, wieder warm zu werden und die Natur erwacht
von ihrem Winterschlafe. Der Schnee und das Eis schmil-
zen, die Wiesen werden wieder grün und schmücken sich mit
tausend Blumen. Die Bäume bekommen Knospen, Blüthen
und Blätter. In den Wäldern werden die Vögel munter und
singen ihr fröhliches Lied. Die ganze Natur kleidet sich in
frisches Grün und prangt bald im schönsten Schmucke. Der
Gärtner pflanzt und säet seine Blumen und der Landmann
ackert und säet auf dem Felde. Ueberall ist neues Leben. Die
Sonne steigt immer höher, die Tage werden länger und wär-
mer. Der Frühling hat viele Aehnlichkeit mit dem Kindes-
alter; daher wird die Kindheit des Menschen auch der Frühling des Lebens genannt. In ihr soll das Kind auch fleissig
säen, das heisst tüchtig Nützliches lernen.

54. Des Frühlings Wirkung.

Fort ist Schnee und Eis, grün ist's Birkenreis; in den
Gärten, auf den Wiesen Tausendschön und Veilchen sprie-
ßen; fort ist Winter, Schnee und Eis, und der Kirschbaum grün und weiß. Au' und Feld und Wald Vögellied
durchschallt; lustig tönt's auf allen Zweigen. Lerchen auf
zum Himmel steigen! Und im grünen, dichten Wald Nach-
tigallenlied erschallt. Aus des Baches Rohr guckt der Frosch
hervor; Mücken tanzen, Käfer schwirren; Bienen um die
Blumen irren; und der Frosch aus leichtem Rohr springt
nach Flieg' und Mück' empor. Aus der Stub' hinaus! Aus
dem engen Haus! In den Garten laßt uns springen und
dem Mai ein Liedchen singen! Aus der Stub' und engem
Haus in des Gartens Grün hinaus!

55. Das Blümlein im Walde.

Ich ging im Walde so für mich hin,
Und nichts zu suchen, das war mein Sinn.
Im Schatten sah' ich ein Blümlein stehn,

Wie Sterne leuchtend, wie Aeug'lein schön.
Ich wollt' es brechen, da sagt' es fein:
„Soll ich zum Welken gebrochen sein?"
Ich grub's mit allen den Würz'lein aus,
Zum Garten trug ich's, am hübschen Haus,
Und pflanzt' es wieder am stillen Ort;
Nun zweigt es immer und blüht so fort.

56. Der Sommer.

Der Sommer beginnt am 21. Juni. Dann haben wir den längsten Tag und die kürzeste Nacht. Was der Frühling zur Blüthe bringt, das entwickelt der Sommer zur Frucht und viele Gewächse kommen zur Reife. Die Kirschen, die Johannis-, Stachel- und Erdbeeren, die Pfirsiche u. s. w. erquicken uns durch ihren kühlenden Saft. Der Landmann schärft seine Sense und mähet das Gras der Wiesen. Dann erntet er den Roggen, den Weizen und andere Feldfrüchte. Der Gärtner nimmt die Bohnen, Gurken, Birnen und andere Früchte ab. Die Vögel haben aus ihren Eiern Junge gebrütet, die nun bald munter umherhüpfen, fliegen und ihr Futter suchen lernen. Die Sonne scheint oft sehr heiss und die Menschen lechzen nach Erquickung. Siehe, da steigen dicke, schwarze Wolken am Himmel empor, der Donner rollt in der Ferne und immer näher und näher zieht ein Gewitter heran. Die Blitze zucken durch die Luft, der Donner kracht, der Regen strömt nieder und die Schöpfung lebt von Neuem auf. Der Sommer gleicht in vielen Stücken dem Jünglingsalter des Menschen.

57. Sommerlied.

Schwüle Sommertage,
Seid' willkommen mir!
Trotz des Unmuths Klage,
Freudenvoll seid ihr.

Ihr seid werth dem Fleiße,
Denn ihr dauert lang;
Auch bei meinem Schweiße
Töne mein Gesang!

Töne in den Wäldern,
Eh' die Sonn' aufgeht,
In den vollen Feldern
Noch des Abends spät.

Wiesen, Bäume, Reben
Steh'n in voller Pracht;
Voll von Frucht und Leben
Durch der Sonne Macht!

Schöpfer, mein Gemüthe
Fühle, wie es soll:
Deiner Vatergüte,
Gott, ist Alles voll.

58. Der Herbst.

Am 23. September beginnt der Herbst; dann sind Tag und Nacht wieder gleich lang. An den Bäumen hangen die rothwangigen Aepfel, die gelben, saftigen Birnen und an den Weinstöcken die süssen Trauben. Birnen, Aepfel werden geerndtet und die nützlichen Kartoffeln ausgegraben und im Keller aufbewahrt. Der Landmann bestellt seinen Acker zur Wintersaat. Die Tage nehmen immer mehr ab; die Abende und Nächte werden länger; die Blätter fallen von den Bäumen und viele Vögel sammeln sich in Heerden und ziehen in wärmere Länder. Die Menschen sorgen für wärmere Kleider, denn der Winter nahet heran. Der Herbst gleicht dem Mannesalter des Menschen in vielen Stücken.

59. Herbstlied.

Bunt sind schon die Wälder,
Gelb die Stoppelfelder,
Und der Herbst beginnt;
Rothe Blätter fallen,
Graue Nebel wallen,
Kühler weht der Wind.

Sieh, wie hier die Dirne
Emsig Pflaum' und Birne

In ihr Körbchen legt!
Dort mit leichten Schritten
Jene gold'nen Quitten
In den Landhof trägt.

Wie die rothe Traube
Aus dem Rebenlaube
Purpurfarbig strahlt!
Am Geländer reifen
Pfirsiche, mit Streifen
Roth und weiß bemalt.

Flinke Knaben springen,
Und die Mädchen singen,
Alles jubelt froh!
Bunte Bänder schweben
Zwischen hohen Reben
Auf dem Hut von Stroh.

60. Der Winter.

Die vierte Jahreszeit ist der Winter und fängt am 21. December an. Dann haben wir den kürzesten Tag und die läng-
ste Nacht. Im Winter ist es kalt, oft sehr kalt. Der Regen
friert in der kalten Luft zu Schnee und bedeckt mit seinem
weissen Kleide die ganze Erde. Die Flüsse frieren zu und
erstarren von Eis. Dann holen wir unsere Schlitten zur
Hand und fahren uns darin, oder laufen auf Schlittschuhen
auf dem Eise. Dann jubeln wir und achten der Kälte nicht.
Warme Handschuhe, dichte Mäntel und dicke Pelze schützen
uns vor dem Froste und der warme Ofen ist uns ein willkom-
mener Freund. In diese kalte Winterzeit fällt ein sehr schönes Kinderfest, das Weihnachtsfest mit seinem schönen Weih-
nachtsbaume und seinen lieblichen Weihnachtsfreuden.

61. Das Büblein auf dem Eise.

Gefroren hat es heuer noch gar kein festes Eis. Das
Büblein steht am Weiher und spricht zu sich ganz leis': „Ich
will es einmal wagen, das Eis muß doch nun tragen. Wer
weiß?"

3

Das Büblein stampft und hacket mit seinen Stiefelein.
Das Eis auf einmal knacket, und krach! schon bricht's hinein.
Das Büblein platscht und krabbelt als wie ein Krebs und
zappelt mit Arm und Bein.

„O helft, ich muß versinken in lauter Eis und Schnee!
O helft, ich muß ertrinken im tiefen, tiefen See!" — Wär'
nicht ein Mann gekommen, der sich ein Herz genommen,
o weh!   !

Der packt es bei dem Schopfe und zieht es dann heraus.
Vom Fuße bis zum Kopfe wie eine Wassermaus das Büb=
lein hat getropfet; der Vater hat's geklopfet zu Haus.

Fr. Güll.

62. Die Jahreszeiten.

Das Leben gleicht den Jahreszeiten.
Der Frühling ist die Zeit der Saat!
Der schmeckt der Ernte Süßigkeiten,
Der ihn dazu genützet hat.

Der Sommer reift die vollen Aehren;
Der Herbst theilt milde Früchte aus;
Der Winter kommt, sie zu verzehren,
Und findet ein gefülltes Haus.

Es fließe mir dann nicht vergebens
Der Frühling meiner Tage hin:
Auf Kenntnisse zum Glück des Lebens
Und Tugenden geh' mein Bemüh'n.

Daß man in meinem Sommer sage:
„Seht, seine Ernte, sie ist groß!"
Dann fällt im Herbste meiner Tage
Auch Frucht in manches Dürft'gen Schooß.

Und ich darf nicht das Alter scheuen:
Ich bin an weisem Vorrath reich,
Ich kann mich meines Winters freuen:
Denn nichts ist meinen Schätzen gleich.

Patzke.

63. Der Garten.

Das Stück Land, welches mit einer Hecke oder Mauer, oder einem Zaune umgeben ist, nennt man einen Garten. Diese bilden die Einfassung des Gartens und dienen zum Schutze desselben. Durch den Garten führen Wege. Zwischen den Wegen sind die Gartenbeete. Auf den Beeten wachsen Gemüse und Blumen. Im Frühjahre bringt man den Samen in die umgegrabene und gedüngte Erde. Bald nachher keimt dieser und aus dem Keime entwickelt sich ein kleines Pflänzchen. Die Wurzeln bilden sich daraus nach unten und nach oben schaut das Pflänzchen hervor. Diese werden bald größer und vollkommener. Von einigen Pflanzen werden die Wurzeln, von anderen die Blätter und noch anderen die Früchte zur Speise benutzt. Von welchen Pflanzen genießt man die Wurzeln, von welchen die Blätter, von welchen die Früchte? Wenn die Pflanzen zur Reife gelangen, so bringen sie Samen, aus dem man wieder Pflanzen derselben Art ziehen kann.

Die größte Pflanze ist der Baum. Es giebt viele Arten Bäume. Diejenigen Bäume, auf denen Früchte wachsen, welche uns zur Speise dienen, heißen Obstbäume. Folgende Obstbäume kenne ich schon: Den Apfelbaum, Birnbaum, Kirschbaum, Pfirsichbaum und andere. Derjenige Garten, in welchem nur Obstbäume stehen, heißt Obstgarten, oder Baumhof.

64. Der Knabe und die Datteln.

Ein Schüler aß, wie viele Knaben, Die Datteln für sein Leben gern; Und um des Guten viel zu haben, Pflanzt er sich einen Dattelkern In seines Vaters Blumengarten. Der Vater sah ihm lächelnd zu Und sagte: „Datteln pflanzest du? O, Kind, da mußt du lange warten; Denn wisse, dieser edle Baum Trägt oft nach zwanzig Jahren kaum Die ersten seiner süßen Früchte." Karl, der sich dessen nicht versah, Hielt ein und rümpfte das Gesichte: „Ei," sprach er endlich zum Papa: „Das Warten soll mich nicht verdrießen; Belohnt die Zeit nur meinen Fleiß, So kann ich ja dereinst als Greis, Was jetzt der Knabe pflanzt, genießen."

Pfeffel.

65. Der Wald.

Ich kenne auch noch andere Bäume, als Obstbäume, nemlich: Eichen, Buchen, Eschen, Birken, Erlen, Pappeln, Tannen, Fichten u. s. w. Den Ort, an welchem diese Bäume in Menge wachsen, nennt man einen Wald. Diese Bäume heißen Waldbäume. Der Wald, in welchem meistens Eichen wachsen, ist ein Eichenwald. Der Baum wächst aus der Erde. Er hat Wurzeln, einen Stamm, Aeste, Zweige und Blätter. Die Wurzeln dienen dazu, den Baum in der Erde zu befestigen und ihm Nahrung aus derselben zuzuführen. Der Stamm ist mit einer Rinde umgeben, welche ihm zum Schutze dient. An den Aesten wachsen die Zweige und an diesen die Blätter. Der Baum erhält auch durch die Blätter Nahrung und zwar durch die Luft. Tannen und Fichten tragen statt der Blätter Nadeln, deßhalb nennt man diese auch Nadelhölzer. Das Holz des Waldes gewährt dem Menschen vielen Nutzen. Es wird theils zum Bauen der Häuser benutzt, theils zu Möbeln verarbeitet, theils dient es zum Heizen der Zimmer und Kochen der Speisen. Das Holz, welches zu Häusern und Möbeln verwandt wird, heißt Nutzholz. Das Holz, welches zum Brennen gebraucht wird, heißt Brennholz. Welche Bäume sind demnach Nutzhölzer und welche rechnet man zum Brennholz? Außer dem Holze benutzt man von einigen dieser Bäume auch noch Anderes. Aus der Rinde der Eiche kommt die Lohe, welche der Gerber zur Bereitung des Leders gebraucht. Die Früchte der Eiche sind die Eicheln. Sie dienen zum Mästen der Schweine. Auch wird aus ihnen ein gesundes Getränk, der Eichelkaffe, bereitet. Aus den Früchten der Buche, Bucheckern, wird ein Oel gepreßt. Wenn diese Früchte unter die Oberfläche der Erde kommen, so entstehen neue Waldbäume daraus. Im Walde wachsen die Waldbeeren, Brombeeren und andere.

66. Die grüne Stadt.

Ich weiß euch eine schöne Stadt, Die lauter grüne Häuser hat; Die Häuser, die sind groß und klein, Und wer nur will, der darf hinein.

Die Straßen, die sind freilich krumm, Sie führen hier und dort herum; Doch stets gerade fortzugeh'n, Das findet auch wohl Niemand schön.

Die Wege, die sind weit und breit Mit bunten Blumen überstreut; Das Pflaster, das ist sanft und weich, Und seine Farb' den Häusern gleich.

Es wohnen viele Leute dort, Und alle lieben ihren Ort. Ganz deutlich sieht man das daraus, Daß Jeder singt in seinem Haus.

Die Leute, die sind alle klein, Denn es sind lauter—Vögelein; Und meine ganze grüne Stadt Ist, was den Namen Wald sonst hat.

67. Waldlied.

Im Walde möcht' ich leben
Zur heissen Sommerzeit!
Der Wald, der kann uns geben
Viel Lust und Fröhlichkeit.

In seine kühlen Schatten
Winkt jeder Zweig und Ast;
Das Blümlein auf den Matten
Winkt mir: "Komm, lieber Gast!"

Wie sich die Vögel schwingen
Im hellen Morgenglanz
Und Hirsch' und Rehe springen
So lustig, wie zum Tanz.

Von jedem Zweig und Reise
Hör' nur, wie's lieblich schallt,
Sie singen laut und leise
"Kommt, kommt in grünen Wald!"

68. Das Feld.

Ich bin schon oft auf dem Felde, oder Acker gewesen. Dies ist ein Stück Land, auf welchem man Getreide und Feldfrüchte zieht. Zum Getreide rechnet man: Weizen, Roggen, Gerste, Hafer, Buchweizen u. s. w. Zu den Feldfrüchten gehören auch: Erbsen, Bohnen, Möhren, Rüben, Kohl,

Flachs, Hanf und andere. Der Mann, welcher sich beson=
ders mit dem Ackerbau beschäftigt, heißt Ackersmann, Land=
mann, Farmer oder auch Bauer. Zuerst düngt er das
Feld, dann wird's gepflügt und dann besäet. Wenn der
Samen auf das Land gefallen ist, so wird er mit der Egge
unter die Erde gebracht. Von den Kartoffeln werden aber
oft nur die Keime in die Erde gelegt. Regen und Sonnen=
schein befördern das Wachsthum und aus dem Samen ent=
wickelt sich die Pflanze. Diese wird größer und bringt Früchte
hervor. Ist die Frucht reif, so sammelt der Landmann sie
ein. Dies ist die Erndte. Aus dem Rübsamen sowohl,
wie aus dem Rabssamen, wird Oel gepreßt. Aus den Sten=
geln des Flachses und Hanfes wird die nützliche Leinwand
gemacht. Die Baumwollenstaude bringt uns die Baumwolle,
welche ebenfalls gesponnen und gewebt wird. Aus den Kar=
toffeln und dem Roggen wird Branntwein und aus der
Gerste Bier bereitet.

69. Die Landleute.

Wenn früh des Dorfes Wecker Aus leisem Schlaf uns
kräht, Zieh'n wir auf uns're Aecker Mit schwerem Feldge=
räth. Wir seh'n, wie Gott den Segen Aus milden Händen
streut, Mit Sonnenschein und Regen Uns Wald und Flur
erneut. Uns blüh'n des Gartens Bäume, Uns wallt der
blaue See, Uns schwärmt nach Honigseime Die Biene dort
im Klee. Uns singt die Lerche Lieder, Uns rauscht der Was=
serfall, Uns grüßt des Hofs Gefieder Mit mannigfachem
Schall. Uns tönt das frohe Brüllen Der Heerden auf den
Au'n, Uns hüpft das schlanke Füllen Und grüßet über'n
Zaun. Die heit're Freude kürzet Die Zeit bei Hitz' und
Frost, Die munt're Arbeit würzet Uns jedes Mal die Kost.

70. Die Erde.

Die Erde ist sehr uneben. Die erhabenen Theile dersel=
ben nennt man Hügel und Berge. Mehrere zusammenlie=
gende Berge nennt man ein Gebirge. Das oberste Ende
des Berges wird Gipfel, oder Spitze genannt. Auf vielen

Bergen wachsen Bäume und Sträucher, manche sind ganz
kahl; auch haben die Menschen oft eine ganze Stadt darauf
gebaut. Die Erde ist der Wohnplatz für Menschen und
Thiere und giebt beiden ihre Nahrung. Sie bringt Pflan=
zen und Früchte hervor, uns und den Thieren zur Speise.
In den Bergen findet man Steine, Lehm, Sand, Salz,
Steinkohlen und die Metalle. Die kostbarsten Metalle sind:
Eisen, Blei, Kupfer, Zinn, Silber, Gold u. s. w. Die
Männer, welche diese Metalle aus der Erde holen, heißen
Bergleute, oder Bergknappen.

Die Vertiefungen der Erde zwischen den Hügeln und Ber=
gen heißen Thäler. In den Thälern fließen Bäche. Diese
kommen aus den Bergen. Da, wo ein Bach aus dem Berge
hervorkommt, ist seine Quelle. Wenn mehrere Bäche zu=
sammenfließen, so entsteht ein Fluß daraus; mehrere Flüsse
bilden einen Strom. Alle Flüsse ergießen sich in das Meer.
In ihnen leben Fische und andere Thiere. Auf den Meeren,
Strömen und Flüssen fährt man mit großen und kleinen
Schiffen.

Das nützlichste Metall ist das Eisen. Es wird meist mit
andern Erdstoffen vermischt aus der Erde gegraben. Dann
heißt es Eisenerz. Dies wird in großen Oefen bei starkem
Feuer geschmolzen und allerhand nützliche Sachen daraus ge=
gossen. Glühendes Eisen läßt sich durch Hämmern biegen,
strecken und ausdehnen. Die Schmiede verfertigen daraus:
Oefen, Waffen, Messer, Gabeln, Beile, Schlösser, Nägel,
Sägen u. s. w. Das gehärtete Eisen nennt man Stahl.

Das wichtigste von allen Salzen ist das Kochsalz. Wenn
man es aus salzigen Quellen, Salzquellen, gewinnt, so nennt
man es Quellsalz. Das Salzwasser wird in den Siede=
häusern in großen, eisernen Pfannen so lange gekocht, bis
das meiste Wasser verdunstet ist und die Salztheile als Rest
liegen bleiben. Auch aus dem Meerwasser wird oft Salz
gesiedet. Das Salz, welches jedoch in Bergwerken gegraben
wird, heißt Steinsalz.

Die Steinkohlen werden auch aus Bergwerken zu Tage
gefördert. Oft liegen sie nicht tief, oft aber auch in großen

Lagern recht tief in der Erde und zwischen Felsen. Sie gehören zu den brennbaren Mineralien und werden zu Schmiedearbeiten, zum Brennen der Ziegel, zur Heizung der Dampfmaschinen, zur Heizung der Stuben u. s. w. verwendet.

Eisen, Salz und Steinkohlen sind große Wohlthaten für uns Menschen.

71. Die Schatzgräber.

Ein Winzer, der am Tode lag, rief seine Kinder an und sprach: „In unserm Weinberg liegt ein Schatz: grabt nur darnach!"—„An welchem Platz?"—schrie Alles laut den Vater an.—„Grabt nur!"—O weh! da starb der Mann. Kaum war der Alte beigeschafft, so grub man auch aus Leibeskraft. Mit Hacke, Karst und Spaten ward der Weinberg um und um geschartt. Da war kein Kloß, der ruhig blieb, man warf die Erde gar durch's Sieb und zog die Harken kreuz und quer nach jedem Steinchen hin und her. Allein da ward kein Schatz verspürt, und Jeder hielt sich angeführt. Doch kaum erschien das nächste Jahr, so nahm man mit Erstaunen wahr, daß jede Rebe dreifach trug. Da wurden erst die Söhne klug, und gruben nun Jahr ein Jahr aus des Schatzes immer mehr heraus.

72. Das Lied vom Samenkorn.

Der Sämann streut aus voller Hand
Den Samen auf das weiche Land,
Und wundersam: was er gesä't,
Das Körnlein wieder aufersteht.

Die Erde nimmt es in den Schoos
Und wickelt es im Stillen los:
Ein zartes Keimlein kommt hervor
Und hebt sein röthlich Haupt empor.

Es steht und frieret, nackt und klein,
Und fleht um Thau und Sonnenschein.
Die Sonne schaut von hoher Bahn
Der Erde Kindlein freundlich an.

Bald aber nahet Frost und Sturm,
Und scheu verbirgt sich Mensch und Wurm,

Das Körnlein kann ihm nicht entgehn,
Und muss in Wind uud Wetter stehn.

Doch schadet ihm kein Leid noch Weh;
Der Himmel deckt mit weissem Schnee
Der Erde Kindlein freundlich zu;
Dann schlummert es in stiller Ruh.

Bald fleucht des Winters trübe Nacht,
Die Lerche singt, das Korn erwacht,
Der Lenz heisst Bäum' und Wiesen blühn
Und schmückt das Thal mit frischem Grün.

Voll krauser Aehren schlank und schön,
Muss nun die Halmensaat erstehn,
Und wie ein grünes, stilles Meer
Im Winde wogt sie hin und her.

Dann schaut vom blauen Himmelszelt
Die Sonne auf das Aehrenfeld:
Die Erde ruht in stillem Glanz,
Geschmückt mit goldnem Erntekranz.

Die Ernte naht, die Sichel klingt,
Die Garbe rauscht, gen Himmel dringt
Der Freude lauter Jubelsang',
Des Herzens stiller Preis und Dank.

73. Die Luft.

Wenn ich meine Hand schnell hin und her bewege, so fühle ich Luft. Ueberall bin ich mit Luft umgeben und athme sie stets ein. Ohne Luft könnte ich nicht leben. Sie ist ein feiner Körper und noch weit durchsichtiger als das Glas. Die Luft wird durch den Wind bewegt und von bösen Dünsten gereinigt. Deßwegen ist die Luft im Freien viel gesunder, als in geschlossenen Zimmern. Die Luft ist oft leicht, oft schwer; bald trübe, bald klar. Im Sommer ist sie gewöhnlich warm, heiß, schwül; im Winter dagegen meist kalt und schneidend. Ohne Luft kann das Feuer nicht brennen, der Vogel nicht fliegen, die Büchse nicht knallen, das Wasser nicht durch den Krahnen fließen und die Glocke nicht ertönen. Die Luft trägt den Schall, den Vogel, den Dunst und die Wol-

5

ken. Die bewegte Luft wird Wind genannt. Der Wind treibt Schiffe und Mühlen, trocknet den Boden und befestigt die Bäume in der Erde. Außer diesen Vortheilen, die uns die Luft gewährt, bringt sie uns auch zuweilen Schaden. Wenn der Wind zum Sturme wird, so wirft er oft Bäume und Häuser um, reißt Dächer von den Häusern, rüttelt an Thüren und Fenstern und facht einen kleinen Funken zur großen Flamme, oft zu einer Feuersbrunst an. Doch ist sein Nutzen unendlich größer als sein Schaden.

In der Luft gehen mancherlei Veränderungen vor, die wir Lufterscheinungen nennen. Wenn sie aus wässerigen Dünsten entstehen, so nennt man sie wässerige Lufterscheinungen. Zu ihnen gehören: Regen, Thau, Reif, Hagel, Schnee u. s. w. Entstehen diese Erscheinungen aus brennbaren Stoffen, so werden sie feurige Lufterscheinungen, als das Gewitter, das Irrlicht, die Sternschnuppen u. s. w. Werden die Lichtstrahlen in wässerigen Dünsten der Luft zurückgeworfen, so entstehen glänzende Lufterscheinungen. Der Regenbogen, das Morgen- und Abendroth gehören dazu. Die Ausdünstungen der Erde und des Wassers steigen in die Luft und bilden die Wolken. Sie fallen wieder zur Erde zurück. Sind die gefallenen Dünste sehr fein, so nennen wir sie Thau und stärkere Niederschläge nennt man Regen. Der Thau setzt sich in Gestalt von kleinen Tropfen auf Gras und Kräuter. Wenn er da gefriert, so heißt er Reif. Leicht gefrorne Regentropfen erscheinen als Schnee und stark gefrorne als Hagel, oder Schloßen. In schwülen Sommertagen bilden sich oft dunkle Wolken, aus denen von Zeit zu Zeit ein gewaltiger Feuerstrahl fährt, worauf ein starkes Rollen erfolgt. Es entzünden sich dann brennbare Stoffe der Luft. Der Lichtstrahl heißt Blitz, das Rollen nennt man Donner und das Ganze ein Gewitter. Der Blitz zerstreut sich oft in der Luft, stürzt aber auch oft zur Erde nieder, zerschmettert feste Körper, schmelzt Metalle, entzündet Gebäude und tödtet oft Menschen und Thiere. Durch einen Blitzableiter kann man den Blitz von dem Gebäude ablenken. Bei einem Gewitter darf man sich nicht unter hohe Bäume stellen.

74. Der Blitz.

Unter allen Schlangen ist eine,
Auf Erden nicht gezeugt,
Mit der an Schnelle keine,
An Wuth sich keine vergleicht.

Sie stürzt mit furchtbarer Stimme
Auf ihren Raub sich los,
Vertilgt in einem Grimme
Den Reiter und sein Roß.

Sie liebt die höchsten Spitzen;
Nicht Schloß, nicht Riegel kann
Vor ihrem Anfall schützen;
Der Harnisch—lockt sie an.

Sie bricht wie dünne Halmen
Den stärksten Baum entzwei;
Sie kann das Erz zermalmen,
Wie dicht und fest es sei.

Und dieses Ungeheuer
Hat zweimal nie gedroht—
Es stirbt in eig'nem Feuer;
Wie's tödtet, ist es todt!

Schiller.

75. Das Wasser.

Reines Wasser ist klar und durchsichtig und hat weder Geschmack, noch Farbe. Es ist das beste Getränk für Menschen und Thiere und ohne Wasser könnten sie nicht leben. Auch zum Wachsthum der Pflanzen ist das Wasser ebenso nöthig, wie Luft und Wärme. In der Haushaltung gebraucht man es zum Waschen und Reinigen der Gemüse, der Fußböden, der Fenster, der Kleidungsstücke u. s. w. Es treibt Mühlen und Eisenhämmer, trägt Schiffe und Brücken u. s. w. Das Wasser ist ein schwerer Körper und andere noch schwerere Körper sinken darin unter. Die Körper aber,

44

welche leichter sind als das Wasser in demselben Raume, schwimmen im Wasser. Wenn es sehr kalt wird, so friert das Wasser zu Eis. Luft und Wärme lösen das Wasser in Dünste auf. Diese fliegen in die Luft und bilden die Wolken. Aus diesen fällt das Wasser in Tropfen wieder hernieder und bildet Regen, Schnee und Hagel. Das Wasser quillt als Quelle aus den Bergen der Erde. An einigen Stellen kommt das Wasser auch warm, oder lau aus der Erde hervor. Solche Quellen haben oft eine besondere Heilkraft und heißen Heilquellen, oder Gesundbrunnen. Außer Bächen, Flüssen und Strömen gibt es auch stillstehende Gewässer. Wenn sie aus schmutigem Wasser bestehen, so nennt man sie Moräste und Sümpfe. Ein großes, stehendes Gewässer nennt man einen See. Auf den Gewässern fährt man mit Nachen, Schiffen und Flößen und badet sich im Sommer in denselben und lernt schwimmen. Die größten Gewässer sind die Meere. Beinahe drei Viertel der Oberfläche der Erde ist Wasser.

76. Des Knaebleins Tod.

Es spielt ein Knäblein im blumigen Klee, im grünenden Walde, am bläulichen See.

Und sieh', in den Binsen des Ufers, da lacht die schönste Seerose in goldener Pracht.

Mein Knäblein, das watet mit frevelndem Muth, die Blume zu pflücken, hinein in die Fluth.

"Halt!" rief ihm die Mutter mit warnendem Mund, "o, bleibe zurücke!—Sonst gehst du zu Grund!"

Das Knäblein verachtet ihr Warnen und Fleh'n; "Ei" ruft es, "es wird mir so leicht nichts gescheh'n!"

Schon pflückt es die Blume—da sinkt es hinab und findet im Wasser ein schauerlich Grab.

Die Mutter erhebet ein Jammergeschrei; es laufen die Kinder des Ortes herbei.

"O," ruft sie, "o ehret der Eltern Gebot! Nicht folgen bringt Kindern Verderben und Tod."

SCHMIDT.

77. Das Fischlein.

„Fischlein, Fischlein, du armer Wicht!
Schnappe nur ja nach der Angel nicht;
Geht dir so schnell zum Halse hinein,
Reißt dich blutig und macht dir Pein.
Siehst du nicht sitzen den Knaben dort?
Fischlein, geschwinde schwimme fort!"

Fischlein mocht' es wohl besser wissen,
Sah nur nach dem fetten Bissen,
Meinte, der Knabe mit seiner Schnur
Wäre hier so zum Scherze nur.
Da schwamm es herbei, da schnappt' es zu;
Nun zappelst du, armes Fischlein du.

Hey.

78. Das Feuer.

Wenn man mit einem Stahl an einen Feuerstein schlägt,
so springen kleine Funken ab. Durch sie wird Pulver,
Schwefel und Zunder leicht entzündet. Ebenso entsteht
Feuer, wenn man ein Streichhölzchen reibt. Durch diese
Reibung entzünden sich der Phosphor und Schwefel daran
und brennen. Im Winter legt man brennbare Stoffe in
den Ofen und zündet diese an. Dadurch wird die Luft in
der Stube erwärmt. Die erwärmte Luft theilt sich unserm
Körper mit und erwärmt auch ihn. Die Sonnenstrahlen
erwärmen die Luft im Freien; im Winter sehr wenig, im
Sommer aber desto mehr.

Das Feuer dringt auch in feste Körper, z. B. in das Eisen,
Blei, Gold, Silber, Zinn u. s. w. und macht diese flüssig,
d. h. es schmelzt diese Metalle. Ohne Wärme können
Menschen und Thiere nicht leben und gedeihen und die
Pflanzen nicht wachsen. Wir gebrauchen auch das Feuer
zum Kochen unserer Speisen. Auch ist es zum Brennen der
Ziegelsteine, der porzellanenen und irdenen Geschirre unent=
behrlich. Das Feuer entwickelt beim Kochen des Wassers
den Dampf, welcher Schiffe und Wagen treibt.

Das Feuer bringt also dem Menschen vielen Nutzen. Wenn mau aber nicht vorsichtig damit umgeht, so richtet es auch oft großen Schaden an. Es entstehen oft große Feuersbrünste daraus, und ganze Dörfer und Städte werden in Asche verwandelt. Kinder dürfen daher nie mit Feuer, oder leicht brennbaren Dingen umgehen, oder gar damit spielen; vor Allem aber keine Streichhölzchen haben. Feuer, Wasser, Luft und Erde nennt man die vier Elemente.

79. Räthsel.

Ich wohne in einem steinernen Haus',
Da lieg' ich verborgen und schlafe;
Doch ich trete hervor, ich eile heraus,
Gefordert mit eiserner Waffe.
Erst bin ich unscheinbar und schwach und klein,
Mich kann dein Athem bezwingen,
Ein Regentropfen schon sauget mich ein;
Doch mir wachsen im Siege die Schwingen.
Wenn die mächtige Schwester sich zu mir gesellt,
Erwachs' ich zum furchtbar'n Gebieter der Welt.

Schiller.

80. Des Knaben Berglied.

Ich bin vom Berg' der Hirtenknab',
Seh' auf die Schlösser all' herab.
Die Sonne strahlt am ersten hier,
Am längsten weilet sie bei mir.
Ich bin der Knab' vom Berge!

Hier ist des Stromes Mutterhaus,
Ich trink' ihn frisch vom Stein heraus;
Er braust vom Fels im wilden Lauf,
Ich fang' ihn mit den Armen auf.
Ich bin der Knab' vom Berge!

Der Berg, der ist mein Eigenthum,
Da zieh'n die Stürme rings herum;

Und heulen sie von Nord und Süd,
So überschallt sie doch mein Lied:
Ich bin der Knab' vom Berge!

Sind Blitz und Donner unter mir,
So steh' ich hoch im Blauen hier;
Ich kenne sie und rufe zu:
Laßt meines Vaters Haus in Ruh'!
Ich bin der Knab' vom Berge!

Und wann die Sturmglock' einst erschallt,
Manch' Feuer auf den Bergen wallt,
Dann steig' ich nieder, tret' in's Glied
Und schwing' mein Schwert und sing' mein Lied:
Ich bin der Knab' vom Berge!

Uhland.

81. Die vier Elemente.

"Ich will ein Gärtner werden!" sagte Philipp, als er vier-
zehn Jahre alt war und ein Handwerk lernen sollte. "Es ist
schön, immer unter grünen Bäumen und wohlriechenden
Blumen zu leben."

Allein nach einiger Zeit kam er wieder heim und klagte, er
müsse sich da immer zur E r d e bücken und darauf herum-
kriechen; Rücken und Knie thäten ihm dann wehe.

Philipp wollte darauf ein Jäger werden. "Im grünen
Walde," sagte er, "da ist's ein herrliches Leben!" Allein bald
kam er wieder und beschwerte sich, er könne Morgens vor
Tage die freie L u f t nicht ertragen, die ihm bald feucht und
nebelig, bald grimmig kalt um die Nase wehe.

Es fiel ihm nun ein, ein Fischer zu werden. "Auf dem
hellen, klaren Flusse im leichten Schifflein so dahin fahren
und ohne einen Fuss müde zu machen, Netze voll Fische aus
dem Wasser zu ziehen, das ist lustig!" sagte er.   Allein auch
dieses war ihm bald verleidet. "Das ist ein nasses Handwerk" sagte er, "das W a s s e r ist mir gar zuwider."

Endlich wollte er ein Koch werden. "Dem Koche," sagte
er, "müssen Gärtner, Jäger und Fischer Alles einliefern, was

sie durch ihren Fleiss gewinnen, es fehlt ihm nie an Speise."
Allein er kam abermals mit Klagen nach Hause. "Es wäre
Alles gut," sagte er "wenn nur das Feuer nicht wäre. Allein,
wenn ich so am flammenden Heerde stehe, so meine ich, ich
müsse vor Hitze verschmelzen."

Jetzt sprach der Vater mit Nachdruck: "Du bist nirgends
zufrieden. Was dir anfangs gefällt, ist dir bald wieder leid.
Wenn du von allen vier Elementen keins vertragen wolltest,
so müsstest du aus der Welt gehen, um zufrieden zu werden.
Du bleibst jetzt bei deinem Handwerke."

> Ein jeder Stand hat seinen Frieden,
> Ein jeder Stand hat seine Last;
> Geniesse froh, was dir beschieden,
> Entbehre gern, was du nicht hast!

82. Der Mensch.

a. Die äußern Theile.

Der Körper, oder Leib des Menschen besteht aus drei
Haupttheilen: dem Kopfe, dem Rumpfe und den Gliedern.
Zwischen dem Kopfe und dem Rumpfe befindet sich der Hals.
Am Kopfe sind: der Scheitel, das Angesicht und der Hin=
terkopf. Die Theile des Rumpfes sind der Ober= und
Unterleib. Zum Oberleibe gehören die Brust, die Rippen
und der obere Theil des Rückens; zum Unterleibe der
Bauch, die Seiten und der untere Theil des Rückens. An
den oberen Gliedmaßen, oder den Armen sind: die Schul=
tern, die Oberarme, die Unterarme und die Hände; an den
unteren Gliedmaßen, oder den Beinen: die Oberschenkel,
die Unterschenkel und die Füße.

An diesen Theilen unterscheidet man wieder viele Neben=
theile. Die Theile des Angesichts sind: die Stirne, die
Augen, die Backen oder Wangen, die Nase, der Mund und
das Kinn. Die Theile der Augen sind: der Augapfel, die
Augenlider, die Augenwimpern, die Augenwinkel und die
Augenbrauen. Der Augapfel liegt in der Augenhöhle, wel=
che mit Muskeln (Fleisch) versehen und mit Fett angefüllt

ist. Theile des Augapfels sind: das Weiße des Auges, der Augenring, oder die Iris und der Augenstern, oder die Pupille. Unter den obern Theilen der Backen liegen die Backenknochen. Theile der Nase sind: das Nasenbein, die Nasenwurzel, der Nasenrücken, die Nasenseiten, die Nasenflügel, die Nasenspitze, die innere Nasenscheidewand und die Nasenlöcher. Die äußeren Theile des Mundes sind: die Lippen und die Mundwinkel; die inneren sind: die beiden Kinnladen mit den Zähnen, die Zunge, der Gaumen und der Zapfen. Theile der Zunge sind: die Zungenwurzel, der Zungenrücken und die Zungenspitze. Die Zähne, welche eine Wurzel und eine Krone haben, theilt man in Vorder= oder Schneidezähne, in Eck= oder Augenzähne und in die hintern, oder Backenzähne. Ein erwachsener Mensch hat gewöhnlich 32 Zähne: 8 Schneidezähne, 4 Augenzähne und gegen zwanzig Backenzähne. An den Seiten des Kopfes sind die Schläfe und die Ohren. Am äußern Ohre sind: die Ohrmuschel, das Ohrloch, oder die Ohrhöhle und das Ohrläppchen; im Ohre ist das Trommelfell u. s. w. Am Vorderhalse ist die Kehle, am Hinterhalse der Nacken und das Genick. Der mittlere Theil des Rückens heißt der Rückgrad. Theile der Schultern sind die Schulterblätter und die Achseln. Am Unterarme sind: die Ellenbogen und die Handknöchel. Da, wo zwei Theile des Armes aneinandergefügt und beweglich sind, ist ein Gelenk. Jeder Arm hat drei Gelenke: das Schulter= oder Achselgelenk, das Ellbogengelenk und das Handgelenk. Theile der Hand sind: die Handwurzel, die Mittelhand und die 5 Finger. Die fünf Finger heißen: Daumen, Zeigefinger, Mittelfinger, Goldfinger und kleine Finger. Der Daumen hat nur zwei Glieder, zwei Gelenke, zwei Knöchel, eine Spitze und einen Nagel; jeder der andern dagegen drei Glieder, drei Gelenke, drei Knöchel, eine Spitze, und einen Nagel. Der obere Theil des Oberschenkels ist die Hüfte; der vordere Theil des Oberschenkels heißt das Schienbein, der hintere Theil die Wade und die unteren Theile die Fußknöchel.

Die Theile des Fußes sind: die Fußwurzel, die Ferse,

4

der Fußrücken, die Fußsohle, der Fußballen und die fünf Zehen.

b. Die inneren Theile.

Der menschliche Körper ist von außen mit einer Haut umgeben, in welcher sich unzählige kleine Oeffnungen, Poren, befinden, welche den Schweiß durchlassen. Aus der Haut entspringen die Haare, welche auf dem Haupte am dichtesten stehen. Die Muskeln, aus welchen das Fleisch besteht, sind faserichte Bündel, deren man an 500 zählt; sie sind an die Knochen befestigt und dienen zur Bewegung der Glieder. Die Knochen sind die festesten und härtesten Theile, gleichsam das Gerüst des menschlichen Körpergebäudes.

Im menschlichen Körper sind besonders drei Höhlungen zu merken: die Hirnhöhle, die Brusthöhle und die Bauchhöhle. In der Höhle der Hirnschale liegt eine äußerst feine, von mehreren Häuten umgebene Masse, das Gehirn, welches sich in den Rückgrad hineinzieht und dann Rückenmark heißt. Aus dem Gehirn und dem Rückenmark entspringen die Nerven, lange, weiße, feine Fäden, welche durch den ganzen Körper verbreitet sind und allen von ihnen durchdrungenen Theilen Empfindung und Leben mittheilen.

Die Brusthöhle, welche von der Bauchhöhle durch das Zwergfell geschieden wird, enthält die Lunge und das Herz. In der Bauchhöhle befinden sich: der Magen, die Leber, das Netz, das Gekröse, die Nieren und die Gedärme. Der Schlund liegt hinten im Munde und ist der Eingang zur Speiseröhre, welche durch Hals, Brust und Zwergfell in den Magen hinabgeht. Der Magen ist ein großer, länglichrunder, aus mehreren Häuten bestehender Sack. Er ist zur Verdauung der Speisen bestimmt. Die Lunge besteht aus weichen, schwammigen Körpern, welche eine Menge feiner Luft- und Blutgefäße enthalten. Sie ist das Werkzeug zum Athmen und hängt deßhalb mit der Luftröhre, welche ihr die Luft zuführt, zusammen. Die Luftröhre beginnt vor dem Eingange zur Speiseröhre. Sie ist eine, mit Knorpelringen umgebene Röhre, welche sich in zwei Theilen in die Lunge verbreitet. Alle Speisen, welche wir genießen, gehen über die Luftröhre weg. Damit nun nichts von den Speisen hineinfalle, ist sie oben mit einem Deckel, Kehldeckel genannt, versehen worden, welcher sich beim Hinunterschlucken niederlegt. Das Herz ist ein birnförmiger, von einer feinen Haut, dem Herzbeutel, umgebener Fleischkörper. Es liegt in der linken Seite der Brusthöhle und ist in beständiger Bewegung, indem es sich unaufhörlich ausdehnt und wieder zusammenzieht und auf diese Weise das Blut aufnimmt und wieder abstößt. Mit dem Herzen sind die Adern verbunden. Man unterscheidet Blutadern, welche dem Herzen das Blut zuführen, und Pulsadern, welche das Blut aus dem Herzen aufnehmen und durch den Körper verbreiten. Die Leber steht mit dem Magen in Verbindung und dient dazu, aus dem Blute die Galle abzusondern. Diese ist eine bittere, seifenartige Feuchtigkeit, welche die Verdauung der Speisen befördert. Die Milz liegt auf der linken Seite des Magens, in ihr wird das Blut verdünnt, bevor es in die Leber kommt. Die Nieren sind dazu bestimmt, das Blut von den überflüssigen wässerigen Theilen zu reinigen. Die ganze Bauchhöhle ist mit einer dünnen Haut ausgekleidet, welche Bauchfell heißt, wovon ein Theil, welcher Magen, Leber und Milz umzieht, Netz, ein anderer Theil Gekröse genannt wird.

83. Die beiden Fensterchen.

Es sind zwei kleine Fensterlein an einem grossen Haus, da schaut die ganze Welt hinein, da schaut die Welt heraus. Ein Maler sitzet immer dort, kennt seine Kunst genau, malt alle Dinge fort und fort: Weiss, schwarz, roth, grün und blau. Dies malt er eckig, Jenes rund, lang, kurz, wie's ihm beliebt; wer kennet all' die Farben und die Formen, die er giebt? Ein Zaub'rer ist's, das sag' ich kühn; was fasst der Erde Schoos, das malt er auf ein Fleckchen hin, wie eine Erbse gross. Auch was der Hausherr denkt und fleht, malt er an's Fenster an, dass Jeder, der vorübergeht, es deutlich sehen kann. Und freut der Herr im Hause sich, und nimmt der Schmerz ihn ein, dann zeigen öfters Perlen sich an beiden

Fensterlein. Ist's schönes Wetter, gute Zeit, da sind sie hell
und lieb; wenn's aber fröstelt, stürmt und schneit, dann
werden sie gar trüb. Und geht des Hauses Herr zur Ruh',
nicht braucht er dann ein Licht; dann schlägt der Tod die
Laden zu, und ach! das Fenster bricht!

CASTELLI.

84. Drei Paare und Einer.

Du hast Zwei Ohren und Einen Mund: Willst du's beklagen? Gar Vieles sollst du hören, und — Wenig d'rauf sagen.

Du hast Zwei Augen und Einen Mund: Mach' dir's zu
eigen! Gar Manches must du sehen, und — Manches ver-
schweigen.

Du hast Zwei Hände und Einen Mund: Lern' es ermessen!
Zweie sind da zur Arbeit, und — Einer zum Essen.

RÜCKERT.

85. Der Magen und die Glieder.

Einstmals empörten sich die Glieder
Des Körpers gegen ihren Bauch.
„Auf!" schrie der Mund, „frisch auf, ihr Brüder!
Was pflegen wir den faulen Schlauch?
Darf er nur Miene machen, zu befehlen,
Den Augenblick schnurstracks vollzieht
Sein hohes Wort ein jedes Glied.
Nein, sagt, warum wir uns so quälen,
Daß wir des Trägen Appetit
Mit unserm sauren Schweiße stillen
Und einen nimmersatten Ranzen füllen?
Laßt ab! wir wollen seh'n, was aus ihm werden wird,
Sobald sich keiner von uns weiter rührt!" —
Gesagt und auch gescheh'n!
Die Hand fing an zu sinken,
Der Fuß nicht mehr zu geh'n,
Der Mund nicht mehr zu essen, noch zu trinken,

Kurz, die Maschine still zu steh'n,
Der Magen mochte nun befehlen oder fleh'n. —
Allein bald reu't es die Empörer sehr,
Es gab das Herz kein Blut mehr her:
Den Gliedern schwanden ihre Kräfte;
Den Nerven trockneten die Säfte:
Kurz, jedes schrumpft erbärmlich ein
Und konnte kaum, vor Schwachheit schon halb todt,
Zu dem verengten Magen schrei'n:
„Wir seh'n, Befehlen muß, sowie Gehorchen, sein.
Versage uns nicht dein Gebot!
Wir wollen gern gehorsam sein."

Gleim.

86. Die Sinne.

Der Mensch kann auf fünf verschiedene Weise die Dinge kennen lernen; er kann sehen, hören, riechen, schmecken und fühlen. Er hat fünf Sinne: Gesicht, Gehör, Geruch, Geschmack und Gefühl. Er hat daher auch fünf verschiedene Sinneswerkzeuge: die Augen, die Ohren, die Nase, die Zunge; das Gefühl ist über den ganzen Körper verbreitet.

Die Augen sind die Werkzeuge des Sehens. Das Vermögen des Sehens heißt das Gesicht. Wir sehen, wenn es hinlänglich hell ist, die Gegenstände um uns her: Menschen, Bäume, Vögel, Sonne, Mond, Sterne 2c.; wir sehen die Farbe der Dinge, ob sie weiß, schwarz, roth, gelb u. s. w. sind; wir sehen ihre Gestalt oder Form, ihre Größe, ihre Bewegung. Wer nicht sehen kann, ist blind. Wer weit entfernte Dinge gut sehen kann, ist weitsichtig; wer nur nahe Gegenstände gut sehen kann, ist kurzsichtig.

Die Ohren sind die Werkzeuge des Hörens. Das Vermögen zu hören, heißt das Gehör. Wir hören nicht die Dinge selbst, sondern das Geräusch, den Schall, den Ton der Dinge. Wir hören die Stimmen der Menschen: ihr Sprechen, Rufen, Singen 2c. — die Stimmen der Thiere:

6

ihr Bellen, Heulen, Brummen, Brüllen, Trillern, Pfeifen, Quaken, Zischen, Schwirren, Summen rc. — die Töne der Instrumente und das Geräusch der Maschinen: ihr Klingen, Läuten, Schmettern, Klappen, Rollen u. s. w. — die Schälle oder Töne der Naturkräfte: das Brausen, Heulen, Wehen, Sausen und Säuseln des Windes; das Plätschern, Rieseln, Brausen, Rauschen des Wassers; das Knistern, Prasseln des Feuers; das Rollen des Donners u. s. w. Wer nicht hören kann, ist taub. Taubstumme können nicht hören und nicht sprechen.

Die Nase ist das Werkzeug zum Riechen. Das Vermö= gen zu riechen, heißt der Geruch. Wir riechen nicht die Dinge selbst, sondern ihre Düfte, Ausdünstungen. Da nicht alle Dinge Düfte aussenden, so können wir auch nicht alle Dinge riechen; einige sind geruchlos, die andern haben Ge= ruch, welcher bald angenehm, bald unangenehm ist. Ein Mensch riecht besser, schärfer als der andere. Wir riechen den Duft der Blumen, die Ausdünstungen der Speisen, der Menschen, der Thiere und vieler Stoffe.

Die Zunge ist das Werkzeug des Schmeckens. Das Ver= mögen zu schmecken, heißt der Geschmack. Nicht alle Dinge haben Geschmack. Einige sind ohne Geschmack, geschmacklos. Einige Dinge schmecken angenehm, andere unangenehm, einige scharf, andere milde. Wir schmecken mit der Zunge, ob ein Ding süß oder sauer und bitter, salzig oder fade ist. Der Zucker z. B. schmeckt süß, das Salz salzig, der Essig sauer, die meisten Arzneien bitter; das Oel hat einen öligen, der Thran einen thranigen, das Fett einen fettigen, die Gewürze haben einen gewürzhaften Geschmack.

Wir fühlen mit allen Theilen des Körpers. Das Ver= mögen zu fühlen, heißt das Gefühl. Am feinsten fühlen wir mit den Fingerspitzen. Der Sinn des Gefühls in den Fin= gerspitzen heißt der Tastsinn. Ein Mensch hat ein feineres Gefühl, als der andere. Wir fühlen, ob ein Körper schwer oder leicht, glatt oder rauh, eckig oder rund, spitzig oder stumpf, fest oder weich oder flüssig, heiß oder kalt, biegsam oder unbiegsam, zähe oder kleberig ist.

87. Sinne und Glieder.

Zwei Augen hab' ich, klar und hell,
Die dreh'n sich nach allen Seiten schnell,
Die sehen alle Blümchen, Baum und Strauch
Und den hohen, blauen Himmel auch.
Die setzte der liebe Gott mir ein,
Und was ich kann sehen, ist Alles sein.

Zwei Ohren sind mir gewachsen an,
Damit ich Alles hören kann,
Wenn meine liebe Mutter spricht:
Kind, folge mir und thu' das nicht!
Wenn der Vater ruft: komm' her geschwind,
Ich habe dich lieb, mein liebes Kind.

Einen Mund, einen Mund hab' ich auch,
Davon weiß ich gar guten Gebrauch,
Kann nach so vielen Dingen fragen,
Kann alle meine Gedanken sagen,
Kann lachen und singen, kann beten und loben
Den lieben Gott im Himmel droben.

Hier eine Hand und da eine Hand,
Die rechte und linke sind sie genannt;
Fünf Finger an jeder, die greifen und fassen.
Jetzt will ich sie nur noch spielen lassen,
Doch wenn ich erst groß bin und was lerne,
Dann arbeiten sie alle auch gar gerne.

Füße hab' ich, die können steh'n,
Können zu Vater und Mutter geh'n,
Und will es mit dem Laufen und Springen
Nicht immer so gut, wie ich's möchte, gelingen,
Thut nichts; wenn sie nur erst größer sind,
Dann geht es noch einmal so geschwind.

Ein Herz, ein Herz hab' ich in der Brust,
So klein und klopft doch so voller Lust,

Und liebt doch den Vater, die Mutter so sehr.
Und wißt ihr, wo ich das Herz hab' her?
Das hat mir der liebe Gott gegeben,
Das Herz und die Liebe und auch das Leben.

88. Die Seele des Menschen.

Wir können die Glieder unseres Körpers auf mancherlei
Art gebrauchen. Mit den Händen und Fingern können wir
greifen, festhalten, schlagen, arbeiten, mit den Armen
drücken, stossen, heben, mit den Füssen gehen, laufen,
hüpfen, springen, treten u. s. w. - Dieses Alles sind Handlungen unseres Körpers. Wir können auch sprechen, aufmer-
ken, lernen; wir können das, was wir gesehen oder gehört
haben, uns nachher wieder vorstellen, was wir gelernt haben,
behalten und nachher uns wieder daran erinnern. Wir vermögen Gutes und Böses zu unterscheiden. Dies Alles sind
keine körperlichen Verrichtungen: es sind Thätigkeiten unserer Seele. Die Kräfte der Seele nennen wir Seelenkräfte.
Diese sind beim Kinde noch schwach und man nennt sie deshalb auch Anlagen, oder Fähigkeiten.

Ich sehe den Baum, höre den Donner, rieche die Rose,
schmecke den Zucker, fühle die Wärme, d. h. ich nehme die
Dinge ausser mir wahr. Ich liebe meine Eltern; ich em-
pfinde Reue, wenn ich sie betrübt habe; ich bin traurig,
wenn sie krank sind; ich freue mich, wenn es ihnen wohl
geht: ich nehme also auch das wahr, was in mir selbst vor-
geht. Meine Seele erhält äussere und innere Wahrnehmungen. Die inneren Wahrnehmungen heissen auch Empfindungen, oder Gefühle. Die Empfindungen
wecken meine Aufmerksamkeit, ich schaue die Dinge an und
gewinne dadurch eine Anschauung oder Vorstellung
von denselben. Wenn ich z. B. einen Menschen recht auf-
merksam angesehen habe, so kann ich ihn mir in Gedanken
wieder so vorstellen, wie ich ihn durch meine Augen wahrgenommen habe. Je aufmerksamer ich bin, wenn ich wahr-
nehme, desto klarer und deutlicher werden meine Vorstellungen.

Was ich mit Aufmerksamkeit gesehen, gehört oder gelernt habe, kann ich behalten und noch lange nachher wieder erzählen. Meine Seele besitzt also eine Kraft, meine Vorstellungen aufzubewahren und sie ins Bewusstsein zurückzurufen; dies ist das G e d ä c h t n i s s und die Erinnerungskraft.

Ich sehe einen Tisch und bemerke daran eine Platte, eine Zarge mit einer Schieblade und vier Füsse. Nachdem ich viele Tische gesehen, werde ich gewahr, dass es auch runde Tische ohne Schieblade und nur mit drei Füssen, oder gar einem Fusse gibt und dass die Farbe der Tische verschieden ist. Aber alle Tische haben eine Platte, eine Zarge und wenigstens Einen Fuss. Dieses sind die nothwendigen, wesentlichen Eigenschaften, oder Merkmale, welche ich in meiner Seele festhalte und vereinige und dadurch einen B e g r i f f von einem Tische bekomme. Auf diese Weise gelangen wir auch zu den Begriffen: Baum, Strauch, Blume, Stuhl und zu allen andern. Das Vermögen der Seele, Begriffe zu bilden, heisst V e r s t a n d. Um Begriffe zu bilden, muss ich denken; daher wird der Verstand auch das D e n k v e r m ö g e n genannt. Je mehr sich ein Mensch im Denken übt, desto ausgebildeter wird sein Verstand. Mit meinem Verstande vergleiche und unterscheide, urtheile und schliesse ich.

Meine Seele kann auch das, was recht und unrecht, gut und böse, edel und unedel, möglich und unmöglich ist, unterscheiden. Diese Kraft der Seele ist die V e r n u n f t. Sie ist das höchste Vermögen im Menschen. Das, was mir wohlgefällt und Freude macht, habe ich gern, ich suche dasselbe zu erlangen: ich strebe darnach. Dadurch werde ich zur Thätigkeit und zum Handeln angetrieben. Die Kraft der Seele, welche mich zum Handeln bestimmt, ist die W i l l e n s - k r a f t. Ich kann durch sie meinen Wünschen, Neigungen und Trieben folgen, oder nicht; und man sagt deshalb: die Seele hat freien Willen. Wenn ich das, was ich mit meiner Vernunft als recht und gut erkenne, auch zu thun mich bestrebe, so habe ich das Bewusstsein der Zufriedenheit und Ruhe in meiner Seele. Wenn ich aber gegen die Erkenntnisse meiner Vernunft handele, so tritt das Bewusstsein der

Schuld in meine Seele und die Gefühle der Unruhe, des
Schmerzes und der Reue bemächtigen sich meiner. Dies ist
das Gewissen. Es ist der Richter meiner Gesinnungen
und Handlungen: drum soll ich auf die Stimme meines Ge-
wissens achten. Es treibt mich auch an, immerfort an meiner eigenen Vervollkommnung zu arbeiten.

89. Das herrliche Haus.

Kein Haus ist's, wie man sonst sie schauet,
Und doch ein Haus ist's, wunderbar,
Kein Sterblicher hat es erbauet;
Doch stammt's von einem Menschenpaar.
Zu seinem Wohnsitz auserkoren
Hat sich das Haus ein fremder Herr:
Auf Erden ist so hochgeboren,
So reich und edel Nichts, wie er.
Zwei nervenvolle Hüter schützen
Das Haus, ein starkes Heldenpaar;
Zwei schöngeformte Säulen stützen
Den Bau so zierlich, wunderbar.
Und Pforten führen, sonder Gleichen,
Durch seine Gänge aus und ein,
Und alle Königssäle weichen
Der Kammern kunstgefügten Reih'n.
Durch Fenster, glänzend schön, wie Sterne,
Und heller als der Diamant,
Schaut, der's bewohnt, das Nah' und Ferne
Und alle Herrlichkeit im Land.
Auf einer wundervollen Mühle,
Da mahlen ihm, Jahr ein, Jahr aus,
Der blinkend weißen Müller viele
Den täglichen Bedarf in's Haus.
Doch hat der Hausherr es verlassen,
So sinkt zur Erde das Gebäu,
Und traurig ziehet durch die Gassen
Ein dumpf verhallend Klaggeschrei.

90. Gesundheit und Krankheit.

Der menschliche Körper ist sehr kunstvoll eingerichtet, und jeder Theil desselben ist von Gott dazu bestimmt worden, zum Wohlsein des Ganzen beizutragen. Wenn alle Theile unseres Körpers so sind, wie sie sein sollen, dann sind wir gesund. Ein gesunder Mensch fühlt sich stark und kräftig, ein kranker Mensch dagegen ist matt und hinfällig und hat nicht selten grosse Schmerzen. Dem Gesunden schmeckt Speise und Trank, er kann sanft und ruhig schlafen und sich seines Daseins freuen; der Kranke kat keine Lust zum Essen und Trinken, er hat oft schlaflose und traurige Nächte und muss die Freuden des Lebens entbehren. Darum ist die Gesundheit ein grosses Gut und hat weit mehr Werth, als der grösste Reichthum. Zur Erhaltung der Gesundheit dienen: Mässigkeit im Essen und Trinken, der Genuss gesunder Speisen und Getränke, das Einathmen frischer, reiner Luft, Arbeit und Bewegung, angemessene Ruhe, bequeme Kleidung, welche zugleich gehörig wärmt, eine helle, trockene und luftige Wohnung, Reinlichkeit, Vorsicht und ein frommes, zufriedenes, heiteres Gemüth. Der Gesundheit nachtheilig sind: Unmässigkeit, der häufige Genuss starker Getränke, Unreinlichkeit, Müssiggang, feuchte, dumpfige Wohnungen, Kummer und Sorgen, Aerger, Zorn und ein unruhiges, böses Gewissen. Lebensgefährlich ist es, auf Erhitzung gleich kaltes Wasser und andere kalte Getränke zu geniessen, oder sich in der Zugluft aufzuhalten. Nasse Kleider und Strümpfe müssen möglichst bald abgelegt werden. Es giebt vielerlei Krankheiten; einige sind ansteckend. Wer krank ist, muss nicht zu Quacksalbereien seine Zuflucht nehmen, sondern frühzeitig einen geschickten Arzt zu Rathe ziehen und dessen Vorschriften pünktlich befolgen.

91. Zufriedenheit.

Was frag ich viel nach Geld und Gut,
Wenn ich zufrieden bin!
Giebt Gott mir nur gesundes Blut,
So hab' ich frohen Sinn,

Und sing' aus dankbarem Gemüth
Mein Morgen- und mein Abendlied.

So Mancher schwimmt in Ueberfluß,
Hat Haus und Hof und Geld,
Und ist doch immer voll Verdruß,
Und freut sich nicht der Welt:
Je mehr er hat, je mehr er will;
Nie schweigen seine Klagen still.

Da heißt die Welt ein Jammerthal,
Und däucht mir doch so schön;
Hat Freuden ohne Maß und Zahl,
Läßt Keinen leer ausgeh'n.
Das Käferlein, das Vögelein
Darf sich ja auch des Lebens freun.

Und uns zu Liebe schmücken ja
Sich Wiese, Berg und Wald;
Und Vögel singen fern und nah',
Daß Alles wiederhallt.
Bei Arbeit singt die Lerch' uns zu,
Die Nachtigall bei süßer Ruh'.

Und wenn die gold'ne Sonn' aufgeht,
Und golden wird die Welt;
Wenn Alles in der Blüthe steht,
Und Aehren trägt das Feld:
Dann denk' ich: Alle diese Pracht
Hat Gott zu meiner Lust gemacht.

Dann preis' ich laut und lobe Gott,
Und schweb' in hohem Muth,
Und denk': Er ist ein lieber Gott,
Und meint's mit Menschen gut! —
Drum will ich immer dankbar sein,
Und mich der Güte Gottes freun!

Miller.

2. Abtheilung.

Erzählungen und Gedichte.

---

1. Gefälligkeit.

„Wer ist so gut und leihet mir eine Feder?" sagte Georg zu seinen Geschwistern. Aber Peter, welcher drei Federn vor sich liegen hatte, antwortete: „Ich brauche meine Feder selbst; wenn du eine haben willst, so siehe zu, daß du eine bekommst."

„Eine Feder willst du, Georg?" sagte Franziska, Georgs Schwester. „Hier ist die meinige," und damit reichte sie ihm ihre beste Feder.

Ein paar Tage nachher wollte Franziska ihre Blumen begießen und hatte kein Wasser. „O", rief sie, „wenn ich doch Wasser hätte!" Gleich lief Georg hin, holte ein Gefäß mit Wasser und half ihr die Blumen begießen.

Welches von diesen Kindern war gefällig, und welches war ungefällig? Was hat man davon, wenn man gegen Andere gefällig ist?

Gefälligkeit, dich will ich üben,
Damit mich gute Menschen lieben.

2. Der Bauer und die Bienen.

Bauer. Ihr Bienen, nichts für ungut genommen! Ich muß bei Euch zu Gaste kommen! Hab' keinen Zucker in meinem Haus; d'rum bitt' ich ein wenig Honig mir aus.

Die Biene sprach in ihrem Zelt: „Der Mensch ist einmal der Herr der Welt! Auch hat er uns Manches zu Gute gehalten, ließ frei in seinem Feld uns schalten; die duftende Linde gab er uns preis, und Ros' und Aurikel in weitem Kreis. Auch hat er gezimmert uns Haus und Heerd und weder Kaufgeld noch Miethe begehrt; d'rum nehm' er sich heut', was ihm gefällt; uns're Küche, Gott Lob, ist gut bestellt!"

Da schnitt der Bauer den Honig aus; schon harrten die lüsternen Kinder zu Haus. O wie das Brödchen so herrlich schmeckt, mit schönem, goldenen Honig bedeckt!

(61)

3. Der Wiederhall.

Der kleine Adolf wußte noch nichts von dem Wiederhall. Einmal schrie er nun auf der Wiese: „Ho, hopp!" Sogleich rief's im nahen Wäldchen auch: „Ho, hopp!" Er rief hierauf verwundert: „Wer bist du?" Die Stimme rief auch: „Wer bist du?" Er schrie: „Du bist ein dummer Junge!" „Dummer Junge!" hallte es aus dem Wäldchen zurück. Jetzt war Adolf ärgerlich und rief immer ärgere Schimpfnamen in den Wald hinein. Alle hallten getreulich wieder zurück. Er suchte hierauf den vermeinten Knaben im ganzen Wäldchen, um sich an ihm zu rächen, konnte aber Niemanden finden.

Hierauf lief Adolf heim und klagte es der Mutter, wie ein böser Bube sich im Wäldchen versteckt und ihn geschimpft habe. Die Mutter sprach: „Diesmal hast du dich recht verrathen und dich selbst angeklagt. Wisse, du hast nichts vernommen, als deine eignen Worte. Denn wie du dein Gesicht schon öfters im Wasser gesehen hast, so hast du jetzt deine Stimme im Walde gehört. Hättest du ein freundliches Wort hineingerufen, so wäre dir ein freundliches Wort zurückgekommen."

Wie es in den Wald hineinschallt, schallt es wieder heraus.

Schmidt.

4. Die Biene und die Taube.

Ein Bienchen trank und fiel darüber in den Bach; das sah von oben eine Taube und brach ein Blättchen von der Laube und warf's ihr zu. Das Bienchen schwamm danach und half sich glücklich aus dem Bach. In kurzer Zeit saß unsre Taube in Frieden wieder auf der Laube. Ein Jäger hatte schon den Hahn auf sie gespannt. Mein Bienchen kam, — pick! stach's ihn in die Hand; puff! ging der ganze Schuß daneben. Die Taube flog davon. Wem dankt sie nun ihr Leben?

Erbarmt euch willig fremder Noth! Du gibst dem Armen heut' dein Brod! Der Arme kann dir's morgen geben.

5. Die beiden Ziegen.

Zwei Ziegen begegneten sich auf einem schmalen Stege, der über einen tiefen Fluss führte; die eine wollte herüber, die andere hinüber.

Geh' mir aus dem Wege! sagte die eine. — Das wäre schön, rief die andere; ich war zuerst auf der Brücke, geh' du zurück, und lass mich hinüber. —

Ich will nicht, sagte die erste, ich habe hier so viel Recht, als du, — und so wechselten sie noch viele Worte mit einander.

Weil nun jede auf ihrem Sinn beharrte, kam es erst zum Zank und endlich zum Kampf zwischen beiden. Sie hielten ihre Hörner vorwärts und rannten zornig gegen einander. Darüber fielen beide von der Brücke in das tiefe Wasser hinein; da wären sie ertrunken, wenn nicht der Hirte sie gerettet hätte.

Zwei harte Steine mahlen nicht gut; das will sagen: Zwei heftige Leute gerathen oft in Streit, und der Eigensinn bringt oft Verderben.

6. Ochs und Esel.

Ochs und Esel zankten sich
Beim Spaziergang um die Wette,
Wer am meisten Weisheit hätte;
Keiner siegte, keiner wich.
Endlich kam man überein,
Daß der Löwe, wenn er wollte,
Diesen Streit entscheiden sollte;
Und was konnte klüger sein?
Beide treten tiefgebückt
Zu des Thierbeherrschers Throne,
Der mit einem edlen Hohne
Auf das Paar herniederblickt.
Endlich sprach die Majestät
Zu dem Esel und dem Farren:
„Ihr seid alle Beide Narren!"
Jeder gafft ihn an und geht.

Pfeffel.

7. Der Hengst und die Wespe.

Eine kleine Wespe stach
Einen Hengst; er schlug darnach.
Doch die kleine Wespe sprach:
„Liebes Hengstchen, nur gemach!
Sieh, ich sitz an sicherm Orte!
Glaube mir, du triffst mich nicht."
Endlich giebt er gute Worte
Und die kleine Wespe spricht:
„Sanftmuth findet stets Gehör,
Sieh, nun stech' ich dich nicht mehr."

Gleim.

8. Das unvorsichtige Kind.

Wenn Luischen nähete, oder sich anzog, so hatte sie die schlimme Gewohnheit, dass sie die Näh- oder Stecknadeln in den Mund nahm. Ihre Mutter verwies ihr dieses sehr oft; Luischen kehrte sich aber nicht daran. Einmal hielt sie auch eine Nähnadel im Munde, als ihr muthwilliger Bruder in das Zimmer trat, der sein Gesicht geschwärzt und eine Perücke von Werg aufgesetzt hatte. Sie fing darüber so heftig an zu lachen, dass sie die Nähnadel vergass und hinunterschluckte. Nun kam sie weinend zur Mutter und klagte ihr Unglück. "Liebe Mutter! liebe Mutter!" schrie sie, "hilf mir!" Die erschrockene Mutter lief sogleich zu einem Arzte.

Dieser gab sich alle Mühe, Luischen zu retten; es war aber unmöglich. Die Nähnadel hatte sich in die Därme fest eingestochen, und das arme Luischen musste den vierzehnten Tag unter den grössten Schmerzen sterben.

9. Karl und die Bienen.

Einst, als Karl im Grase schlief,
Wagt's ein Bienchen, ihn zu stechen.
Zornig sprang er auf und rief:
„Wart' nur, wart', ich will mich rächen!"
Drauf brach er mit kühner Hand
Von dem nächsten Busche Reiser,
Schlug und warf mitunter Sand
An die armen Bienenhäuser.
— Doch der kleinen Bienen Heer
Ließ die Schmach nicht ungerochen:
Alles fiel ihn an, und er
Wurde jämmerlich gestochen.
Das war seine eig'ne Schuld;
Keinem Menschen durft er's klagen:
Lerne künftig in Geduld
Ein geringes Unrecht tragen.

10. Der Knabe im Walde.

Ein Knabe lief in den Wald. Da rief ihm der Eichbaum zu: „Komm, lagere dich in meinen Schatten!" Der Knabe antwortete freundlich: „Schönen Dank! wenn ich zurückkomme, will ich es thun; jetzt bin ich noch nicht müde." Darauf begegnete er der Maiblume, die sprach: „Komm, rieche meinen Duft!" Der Knabe ging hin, und weil sie so lieblich roch, sprach er: „Maiblümchen, ich will dich mitnehmen zu meiner Mutter." Und die Blume war es zufrieden. Nun erblickte er die rothe Erdbeere; die rief ihm auch zu: „Komm, pflücke mich, ich bin reif!" Da antwortete der Knabe: „Erdbeerchen, dich will ich meiner Schwester mitnehmen." Und sie ließ sich gerne pflücken. Zuletzt kam er zu der Tollkirsche, die rief ihm auch zu: „Komm, iß mich, ich bin reif!" Der Knabe aber antwortete: „Ich will dich nicht essen, du siehst mir giftig aus. Aber ich will dich abbrechen und meinem Vater zeigen; der kennt dich besser, als ich."

11. Die ungehorsamen Mæuse.

In einer Scheune waren acht Mäuselein, die wollten gerne wandern in's Städtchen hinein; im Städtchen auf dem Markt', da gäb' es mancherlei Backwerk und Leckerei.

Da sprach die alte Mutter: "Seid auf der Hut! Wenn ihr in's Städtchen kommet, bedenkt, was ihr thut! Bleibt hier, ihr Kinder mein! Bedenkt, der Städter ist voll Schlauheit, Tück' und List."

Die Mäuslein aber zogen in's Städtchen fort, sie wollten gar nicht hören auf Mütterchens Wort. Sie schlüpften alle acht, zu halten einen Schmaus, wohl in ein Bäckerhaus.

Der Bäcker höret pfeifen die Mäus' im Haus: "Ich werd' euch jetzt bereiten zur Nacht einen Schmaus." Er stellt die Fallen auf und fängt sie alle acht in einer einz'gen Nacht.

So geht es allen Kindern auch noch, wie dort, wenn sie nicht hören wollen auf Mütterchen's Wort. Drum nehmt das Sprüchwort wahr: "Eh' du begehst die That, hör' stets auf guten Rath."

12. Die Kornähren.

Ein Landmann ging mit seinem kleinen Sohne auf den Acker hinaus, um zu sehen, ob das Korn bald reif sei. „Sieh', Vater," sagte der unerfahrene Knabe, „wie aufrecht einige Halme den Kopf tragen! Die müssen wohl recht vornehm sein; die andern, die sich vor ihnen so tief bücken, sind gewiß viel schlechter."

Der Vater pflückte ein paar Aehren ab und sprach: „Thörichtes Kind, da sieh' einmal! Diese Aehre hier, die sich so stolz in die Höhe streckte, ist ganz taub und leer; diese aber, die sich so bescheiden neigte, ist voll der schönsten Körner."

Trägt Einer gar zu hoch den Kopf,
So ist er wohl ein eitler Tropf.

Schmidt.

13. Der kleine Gernegroß.

War einst ein kleiner Gernegroß, fünf Jahr' alt und ein halbes blos. „Ei," spricht er, „ich bin nicht mehr klein; ich kann wohl gar ein Herre sein!" Er nimmt des Vaters Stock und Hut und läuft hinaus mit stolzem Muth, und merkt es nicht, der kleine Tropf,

7

daß halb im Hute steckt der Kopf. Und alle Leute bleiben stehn
und lachend auf das Herrchen sehn: „Ei Hut, was hast du denn im
Sinn? Wo willst du mit dem Jungen hin?"

Hey.

14. Das stolze Birkenhaar.

Als von der Birke struppigem Haar
Der erste Besen gebunden war,
Wollt' er aus Hochmuth das Haus nicht kehren,
Und forderte frech, man sollt' ihn verehren.
"Wie käm' ich," sprach er, "zum Dienst als Knecht?
Ich zähle mich zu der Blumen Geschlecht;
Und das zu beweisen, bedarf's nicht viel:
Ich habe so gut wie sie einen Stiel. —"
Darüber lachte das ganze Haus
Und sagte: "der Stiel macht's doch nicht aus!
Willst du den Rang der Blumen erstreiten,
So musst du süssen Geruch verbreiten. —"
Das passt auf jeden verdienstlosen Stolz,
Der Ansprüche macht wie jenes Holz.

LANGBEIN.

15. Die Nuß.

Unter einem großen Nußbaume vor einem Dorfe fanden zwei
Knaben eine Nuß. „Sie gehört mir," rief Franz, „denn ich habe
sie zuerst gesehen." „Nein, sie gehört mir," schrie Bernhard, „denn
ich habe sie zuerst aufgehoben." Beide geriethen in einen heftigen
Streit. —

„Ich will den Streit ausmachen!" sagte ein größerer Junge,
der eben dazu kam. Er stellte sich in die Mitte der beiden Knaben, machte die Nuß auf und sprach: „Die eine Schale gehört dem,
der die Nuß zuerst sah; die andere Schale gehört dem, der sie zuerst aufgehoben; den Kern aber behalte ich — für den Urtheils-
spruch."

„Das," setzte er lachend hinzu, „ist das gewöhnliche Ende der
meisten Streitigkeiten."

Schmidt.

16. Der Bär und die Bienen.

In Polen brummte ein wilder Bär:
„Ihr Bienen, gebt mir den Honig her!
Ich bin so groß und ihr so klein,
Ihr sollt mir wahrhaftig nicht hinderlich sein."

Und eh' die Bienlein sich's versah'n,
So klettert er den Baum hinan.

Er klammert sich fest und brummt und brummt;
Das Bienlein summt, das Bienlein summt.
„Ihr Bienen gebt mir den Honig her!"
„Es wird nichts, Herr Bär! Es wird nichts, Herr Bär!"
Der Bär steckt schon die Nase hinein:
„Weg da, ihr Bienen, der Honig ist mein!"

Die Bienlein stechen frisch b'rauf los:
„Sind wir gleich klein und du bist groß,
Doch soll's deiner Nase gar schlimm ergehen,
Läßt du nicht gleich den Bienenstock stehen."
Der Bär wird bös. Es hilft Alles nicht.
Er knurrt und brummt. Das Bienlein sticht.

Wie juckt's ihn auf der Zunge, auf Nas' und Ohr:
Er muß entlaufen, der arme Thor.
Die Bienlein jubelten: summ, summ, summ;
Der Bär knurrte: brumm, brumm, brumm.
Und als er floh, rief's Bienchen ihm zu:
„Soll's dich nicht jucken, laß And're in Ruh'."

Dinter.

17. Bessere, weil es Zeit ist.

"Hört," sagte Christoph zu seinem Herrn, "auf unserm Dache fehlt ein Ziegel; lasst ihn nachstecken!" — Aber der unordentliche Hausherr sagte: "Ach was, ein Ziegel mehr oder weniger, das schadet nichts!"

Mit der Zeit aber kam der Wind, kroch durch das Loch im Dache und hob auch noch andere Ziegel aus. Dann kamen der Regen und der Schnee zum Dache hinein, legten sich auf den Boden, dass die Balken faulten. Endlich musste auch der Zimmermann kommen, denn das Haus war baufällig geworden.

"Es ist schlimm," sagte der Zimmermann, "aber unter hundert Dollars kann ich euch die Sache nicht wieder herstellen. Vor ein paar Jahren freilich, als nur der eine Ziegel fehlte, wär's mit fünfzig Cents abgemacht gewesen."

18. Das Hähnchen.

Ein kleines Hühnervölkchen lief mit Mütterchen die Kreuz und Quer. Lag wo ein Körnchen, hurtig rief das Mütterchen die Kinder her. „Gluck, gluck! kommt, laßt euch führen! Hier gibt's was zu schnab'liren."

Allein ein Hähnchen stolz und kühn, wollt nicht im Hofe bleiben.
„Der Garten dort, so hübsch und grün, soll mir die Zeit vertrei=
ben! Ich bin schon groß, ich bin schon klug, zum Körnersuchen alt
genug."

Herr Mausekopf, ein Füchschen, sah das dumme Hähnchen lau=
fen. „Halt," dacht' er, „Kleiner, bist du da? laß dir das Fell zer=
raufen!" „Er packt es an, das Hähnchen schreit: „Ach, Mutter,
hilf!" Doch die ist weit. „Ich sterbe. Wär' ich drüben bei Müt=
terchen geblieben!"

19. Das dankbare Kind.

Martin ging zu einem Bauer und bat diesen um Arbeit, damit
er etwas verdiene. „Ja," sagte der Bauer, „ich will dich zu aller=
hand kleinen Arbeiten annehmen und dir, wenn du fleißig bist, Essen
und Wohnung und auch für die Sommerzeit zwölf Thaler geben?"
— „Ich will recht fleißig sein," sagte Martin, „aber ich bitte, gebt
mir meinen Lohn gleich alle Wochen. Ich habe zu Hause einen
alten Vater; ihm möchte ich gern jede Woche meinen Lohn brin=
gen."

Der Bauer, dem diese kindliche Liebe sehr gefiel, willigte gern
ein und vermehrte noch den Lohn. Martin aber trug jeden Sams=
tag seinen Lohn und was er sonst noch von dem guten Bauer erhielt,
vergnügt nach Hause.

Ehre Vater und Mutter, auf daß es dir wohl gehe!

20. Die dankbare Erdbeere.

Ein Mädchen an des Felsens Rand
Ein nacktes Erdbeersträuchlein fand
Von Sturm und Regengüssen
Zerzaust und losgerissen.
Da sprach das Mädchen leise:
Du arme nackte Waise,
Komm mit mir in das Gärtchen mein,
Du sollst mir wie ein Kindlein sein."
Drauf macht' es nun die Würzlein los,
Und trug das Pflänzchen in dem Schooß;
Dann sucht' es still und wonnig
Ein Plätzchen schön und sonnig,
Und wühlte in der Erde
Mit emsiger Geberde,
Und pflanzte nun das Pflänzlein d'rein
Und sprach: „Das soll dein Bettchen sein."
Als nun die Frühlingszeit erschien,
Begann das Pflänzchen schön zu blüh'n,

Wie sieben weiße Sterne;
Das sah' das Mädchen gerne;
Die wurden sieben Beeren,
Als wenn's Rubinen wären.
„Gelt," sprach's, „es will nun dankbar sein,
Und meint, ich wär sein Mütterlein."

21. Die Grille und der Schmetterling.

Es sass eine kleine Grille im Grase und sah einen nied-
lichen Schmetterling auf der Wiese von Blume zu Blume
fliegen. Wie sehr beneidete sie den Schmetterling um seine
Schönheit und das herrliche Farbenspiel auf seinen Flügeln.
"Ach," seufzte er, "warum bin ich denn nicht so schön wie
er, warum muss ich ihm in allen Stücken so weit nach-
stehen? Ich bin hier unbekannt und verachtet." — Ueber
die Wiese daher kam eben eine ganze Schaar Kinder, Knaben und Mädchen. "Heida!" schrieen sie, als sie den
Schmetterling kaum erblickt hatten, "seht doch den schönen
Schmetterling, den müssen wir haben!" Gleich ging's mit
Hüten, Tüchern, Netzen und Händen hinter dem Schmet-
terlinge her, welcher auch endlich gefangen wurde, so sehr er
zu entwischen sich bemühte. Ein Knabe brach ihm unvorsichtig den einen Flügel beim Zugreifen ab, und der andere
drückte ihm das kleine Köpfchen ein. Die Grille hatte
Alles mit angesehen. "Ach," sagte sie, "wenn diese Pracht
und dieser Schimmer so viel Qual erregen kann, wie gut ist
es, dass ich unbekannt und im Verborgenen lebe!"

LŒHR.

22. Das Käferchen.

Ein kleiner Käfer schwirrte
Vergnügt um's Bäumchen her,
Allein im Garten irrte
Ein wilder Bub' umher.

Der fing das arme Thierchen
Und packt's bei seinem Bein,
Und bindet an ein Schnürchen
Das arme Käferlein!

Er spottet seiner Wunden,
Er freut sich seiner Noth.
Doch ach! in wenig Stunden
War's arme Thierlein todt.

„Du schlimmes Kind, was haben
Die Käfer dir gethan?" —
Ach, aus dem bösen Knaben
Ward einst ein böser Mann.

23. Die Biene.

Kinder, geht zur Biene hin!
Seht die kleine Künstlerin
Wie sie emsig sich bemüht,
Und aus Allem Honig zieht!
Unverdrossen duldet sie
Ihres kurzen Lebens Müh',
Ist geschäftig spät und früh.

Und ich sollte müßig sein?
Nein, ich will schon jung und klein
Arbeitsamer sein als sie,
Da mir Gott Verstand verlieh.
Meines Lebens schönste Zeit
Sei in froher Thätigkeit
Gott und meinem Glück geweiht!

Weiße.

24. Die kluge Maus.

Eine Maus kam aus ihrem Loche und sah eine Falle. „Aha!"
sagte sie, „da steht eine Falle! Die klugen Menschen! Da stellen
sie mit drei Hölzchen einen schweren Ziegel aufrecht, und an eines
der Hölzchen stecken sie ein Stückchen Speck. Das nennen sie dann
eine Mausefalle. Ja, wenn wir Mäuschen nicht klüger wären!
Wir wissen wohl: wenn man den Speck fressen will, klapps! fällt
der Ziegel um und schlägt den Näscher todt. Nein, nein, ich kenne
eure List!"

„Aber," fuhr das Mäuschen fort, „r i e c h e n darf man schon daran. Vom bloßen Riechen kann die Falle nicht zufallen. Und ich
rieche den Speck doch für mein Leben gern. Ein Bischen riechen
muß ich dran."

Es lief unter die Falle und roch an den Speck. Die Falle war
aber ganz lose gestellt, und kaum berührte es mit dem Näschen den
Speck, klapps! so fiel sie zusammen und das lüsterne Mäuschen
war zerquetscht.

Grimm.

25. Die Amsel.

Eine Amsel, schwarz wie Kohlen,
Mit dem Schnabel gelb wie Gold,

Wohnte dort, wo aus dem hohlen
Fels das klare Brünnlein rollt.
Und ihr lieblich Lied verhallte
Flötend rings im ganzen Walde.

Sieh' da, zwischen grünem Laube,
Scharlachroth und schön und frisch,
Lacht der Vogelbeeren Traube
Aus dem schattigen Gebüsch.
Und die Amsel, gleich dem Pfeile,
Fliegt d'rauf zu in wilder Eile.

Aber bei den schönen Beeren
Hängt das böse Schlingenpaar,
Sicherer sie zu bethören,
Fest gedreht aus feinem Haar.
Ach, kaum pickt sie in die Traube,
Wird sie selbst dem Tod zum Raube.

Jugend, Jugend, laß dich warnen!
Schau das arme Thierchen hier!
Laß dich nicht von Lust umgarnen!
Trau' nicht blindlings der Begier!
Manches Mädchen, mancher Knabe
Hörte nicht — und ruht im Grabe.

Chr. Schmidt.

26. Uneigennuetzigkeit.

In einer Stadt brannten einst einige Häuser ab. Eine Wirthin, da sie Feuer rufen hörte, sprang im Schrecken aus ihrem Hause, welches schon in vollen Flammen stand. Sie hatte gar nichts mitgenommen, lief auf der Gasse umher und schrie: "Mein Bestes ist zurück!" Ein deutscher Soldat, der dahin gelaufen kam, fragte sie: "Was ist denn zurück?" Sie antwortete: "Mein Kind! Herr, mein Kind!" Der Soldat sprang in das Haus, welches schon oben einzustürzen drohte, und holte das Kind heraus. Als die Frau ihr Kind hatte, sagte sie: "Ach, Herr, noch ein Kästchen mit Geld, dort — dort!" Der Soldat läuft nochmals in das brennende Haus und bringt ihr auch das Geld. "Freund," rief die Frau voll Freuden, "seht, der halbe Theil ist euer!" "Nicht doch," antwortete der Soldat, "so etwas thut man nicht für Geld!"

27. Der Rabe.

Ein Rab' entwandte hier und da
So viel er konnte: Geld und Ringe,
Band, Uhrgehäng' und hundert andre Dinge.
Als dies der klüg're Haushahn sah,
So fragt' er ihn: „Ich bitte, sage mir,
Wozu nützt denn dies Alles dir?"
„Das weiß ich selbst nicht," sprach der Rabe,
„Ich nehm' es nur, damit ich's habe."

Ein Geizhals und dies Thier thun einerlei:
Der Geizhals sammelt gleich dem Raben;
Nicht, daß es ihm und andern nützlich sei,
Nein, blos, um viel zu haben!

28. Der Schweinedieb.

Eines Abends spät kamen zwei Bärentreiber mit einem Tanz-
bären in ein Dorf und blieben in dem Wirthshause über Nacht.
Der Wirth hatte eben ein großes Mastschwein verkauft und sperrte
den Bären in den leeren Schweinestall.

Um Mitternacht kam ein Dieb und wollte das Schwein stehlen.
Er wußte von Allem, was vorgegangen war, nichts, machte leise
die Stallthür auf, ging hinein und ergriff im Finstern anstatt des
Schweines — den Bären. Der Bär fuhr fürchterlich brummend
auf, packte mit seinen gewaltigen Tatzen den Dieb und ließ ihn
nicht mehr los.

Der unglückliche Mensch schrie vor Schrecken und Schmerzen ganz
entsetzlich. Alle Leute in dem Wirthshause erwachten und kamen
herbei. Mit vieler Mühe rissen die Bärentreiber den Dieb, blutend und übel zugerichtet, dem grimmigen Thiere aus den Klauen
und überlieferten ihn dem Gerichte.
Die böse That trägt bösen Lohn
Meist schon in dieser Welt davon.

29. Der Jäger und der Fuchs.

Der Jäger birscht mit seiner Büchs', da schleichen über's Feld die
Füchs'. Er fackelt nicht und spannt den Hahn und legt die Büchse
sicher an. Piff, paff! da prasseln hin die Schrot, und bauz!—der
alte Fuchs ist todt. Der Jäger spricht: „He, Feldmann, flugs
nun apportire mir den Fuchs!" Der Feldmann sucht mit seiner
Schnauz' und hat ihn schon, den alten Kauz. „Du hast gerupft so
manche Gans, jetzt zaus't man dich bei deinem Schwanz. Du hast
geschüttelt manchen Hahn, jetzt packt man dich beim Kragen an.
Du hast gefressen manche Taube, jetzt sitzen wir dir auf der

Haube!" So schleppt ihn Feldman hin zum Herrn, der streichelt ihn und hat ihn gern, und sagt: „So, Feldmann, das war gut!" geht weiter dann mit frohem Muth. Und steckt den Fuchs in seinen Sack und schmaucht ein Pfeiflein Rauchtabak.

30. Das Hufeisen

Ein Vater machte mit seinem Sohne eine kleine Reise an einem schwülen Sommertage. Am Wege lag ein Hufeisen. "Heb' es auf," sagte der Vater zu seinem Sohne; aber der Sohn that, als höre er es nicht und liess das Eisen liegen. Ohne etwas weiter zu sagen, ging der Vater hin und nahm es selbst auf. — Sie kamen in ein Dorf. Hier war eine Schmiede, wo der Vater das Hufeisen für einen Groschen verkaufte, für den er sich in einem nahegelegenen Garten Kirschen geben liess. — "Ach, wie durstig bin ich!" rief der Sohn, da der Tag immer heisser wurde. Wie von ungefähr liess der Vater eine Kirsche fallen, die sein hinter ihm gehender Sohn hurtig aufnahm und ass, um seinen Durst zu stillen. Nach einiger Zeit fiel wieder eine Kirsche und bald darauf wieder eine und so immer fort, und jedesmal bückte sich der Sohn und nahm die Kirschen auf. "Hättest du das Hufeisen aufgenommen," sagte jetzt lächelnd der Vater, "so hättest du es leichter haben können und dich nicht so oft zu bücken brauchen."

SCHMIDT.

31. Die Henne und das Hühnchen.

Die Mutter Henn' hatt' in der Luft von weitem kaum den Habicht wahrgenommen, so rief sie schon die Kinderchen, geschwind zu kommen. Allein so ängstlich sie auch ruft, kommt doch das eine nicht herbei. Das meint: Es habe nichts zu sagen; die Mutter mach' umsonst Geschrei. Es fand an einem Teich Behagen und sah der Ente fröhlichem Geplätscher zu. Die Mutter ruft und lockt vergebens; das Hühnchen bleibt in guter Ruh'. Die Mutter schilt, spricht von Gefahr des Lebens; umsonst! Das Hühnchen dünkt sich klug, dünkt klüger sich, als seine Mutter. „Ich bin ja nicht mehr klein," sprach es, „und alt genug, und such' und finde selbst mein Futter; ich brauche keine Aufsicht mehr." Und kurz, die Mutter findet kein Gehör. Der Habicht stürzt indeß herbei und führt es fort in seinem Schnabel. Jetzt half kein Winseln und kein Schrei'n. Was lernt man wohl aus dieser Fabel? Wie's gehet, wenn das Ei will klüger, als die Henne sein.

32. Die Reisegefæhrten.

Vor dem Thore einer Stadt traf ein lahmer Pudel mit einem hinkenden Kater zusammen. "O," rief der Kater, "wie freue ich mich, dass ich einen Gefährten finde, welcher mir nicht davon läuft und mich nicht ausspottet!" Der Pudel war es zufrieden, dass sie zusammen wanderten, und sie wurden unterwegs immer bessere Freunde. Da erzählte einer dem andern seine Schicksale. Der Pudel sprach: "Wenn ich daran denke, wie ich lahm geworden bin, so thut mir immer mein armer Herr leid, den haben die Räuber in dem Walde todt geschlagen, und weil ich ihn vertheidigte, mir ein Bein zerschmettert." "Da wäre ich lieber davon gelaufen," sagte der Kater; "denn ein Beinbruch thut weh. Ich hätte mich auch gern davon gemacht, als mir der vermaledeite Koch mit seinem Hackmesser das Bein zerschlug." "Was hattest du dem Koche gethan?" fragte der Pudel. "Ei," erwiderte der Kater, "ich wollte mir ein Rebhühnchen holen, das auf dem Heerde stand und gar zu angenehm roch." "So?" sagte der Pudel, "du bist lahm geworden, weil du gestohlen hattest. Das ist mir leid; dann können wir nicht weiter zusammen reisen." Und er schlug einen andern Weg ein.

CURTMANN.

33. Möpschen und Spitzchen.

"Hör', Spitzchen, ich will dich was fragen; du sollst mir ganz heimlich sagen: wo hast du den schönen Knochen versteckt, daß ihn kein böser Dieb entdeckt?"

"Nein, Möpschen, ich schweige lieber still, der Dieb ist's eben, der's wissen will."

Das Möpschen hat gesucht und gerochen, bis hinter dem Stalle es fand den Knochen. In seiner Schnauze hat es ihn schon, da bekam es einen gar schlimmen Lohn; Herr Spitz, der faßt es so derb am Kragen, da lief es davon mit Schreien und Klagen.

Hey.

34. Fuchs und Ente.

Fuchs. "Frau Ente, was schwimmst du dort auf dem Teich? Komm' doch einmal her an das Ufer gleich! Ich hab' dich schon lange was wollen fragen."

Ente. "Herr Fuchs, ich wüsste dir nichts zu sagen; du bist mir so schon viel zu klug, d'rum bleib' ich dir lieber weit genug."

Herr Fuchs, der ging am Ufer hin, und war verdriesslich

in seinem Sinn. Es lüstete ihn nach einem Braten; das hatte
die Ente gar wohl errathen. Heut' hätt' er so gerne schwimmen können; nun musst' er ihr doch das Leben gönnen.

HEY.

35. Der Hund und der Wolf.

Ein Schäfer war einst bei seiner Heerde eingeschlafen. Dies be=
merkte ein Wolf und gab sich alle Mühe, aus diesem günstigen Au=
genblicke Vortheil zu ziehen und den wachenden Hund auf die Seite
zu schaffen.

„Du läßt dir's sauer werden, guter Phylax," sprach der Wolf;
„wahrhaftig, ich bewundere deine Geduld, deine unverbrüchliche
Treue. Du bist unaufhörlich für das Wohl deiner Heerde besorgt;
wirst du denn des beständigen Wachens nicht müde?"

„Müde, sagst du? Seiner Pflicht darf man nicht müde wer=
den!" „Das ist wahr," sprach der Heuchler; „aber wer wird auch
ein beständiger Sklave seiner Pflicht sein! Siehe, das Beispiel
deines eigenen Herrn, der sich der sanften Ruhe überläßt, sollte dich
belehren, nicht zu gewissenhaft zu sein und mehr an dich selbst zu
denken." „Eben, weil ich das Zutrauen meines Herrn besitze," er=
wiederte der treue Phylax, „darf ich meine Pflicht um so weniger
vernachlässigen." Nach diesen Worten fing er an, so laut zu bellen,
daß der Schäfer erwachte und vereint mit ihm die boshaften Ab=
sichten seines alten Feindes vereitelte.

Treue und Rechtschaffenheit machen den Sieg über die Versuchung
leicht.

36. Der Mops und der Mond.

Es war einmal ein dicker, fetter Mops, der ging, wie alle
Möpse gehn, auf allen Vieren beim hellen Mondenscheine
einst spazieren. Da kam ein Graben in die Quer, und hops!
sprang auch der dicke, fette Mops — hinüber, meint ihr? —
nein! er sprang zu kurz und fiel hinein; blos wegen seiner
schweren Masse. Und als er endlich der Gefahr, da zu er-
saufen, ledig war, so stellt er sich recht mitten auf die Gasse
und fängt euch da ein Schelten an, dass man sein eigen Wort
davor kaum hören kann. Es sollte aber dieses Schelten —
wem meint ihr wohl? — dem Monde gelten, und der hatt'
ihm doch nichts gethan. Er schalt ihn aber: Bärenhäuter,
Ochs, Esel, Schlingel und so weiter. Der Mond — nicht
wahr, der schalt doch wieder? O nein! sah lächelnd auf den
Mops hernieder und fuhr, als ging's ihn gar nichts an, lust-
wandelnd fort auf seiner Himmelsbahn, und wird seitdem
— wie Jedermann bekannt — noch immer Mond, nie Ochs
genannt.

LICHWER.

37. Das Gift im Schranke.

Lottchen war ein gutes, hübsches Mädchen mit blauen Augen und braunen Locken. Nur einen Fehler hatte sie an sich; sie war ein Naschkätzchen, und konnte sie einmal über die Zuckerdose kommen, so spazierten die Zuckerstückchen aus der Dose in den Mund.

Schon manchmal hatte sie dafür Strafe bekommen; allein wenn sie auch nicht mehr so oft wie sonst in ihren Fehler verfiel, ganz hatte sie ihn doch nicht abgelegt. Als nun Vater und Mutter ausgegangen waren, sah Lottchen, daß der Schrank nicht verschlossen war. Im Schranke aber stand die Zuckerdose.

Schnell rückte sie den Tisch an den Schrank und suchte nach der Dose. Doch diese war leer. Sie suchte weiter und fand in einem Winkelchen ein Papierchen, in dem ein weißes Pulver enthalten war. Es sah wie Zucker aus.

Schnell tupfte Lottchen dies mit dem nassen Finger auf und legte das Papier wieder in den Schrank. Schon machte sie sich Vorwürfe über ihren Ungehorsam, als sie heftige Leibschmerzen bekam. Laut weinend und wimmernd trafen sie die Aeltern bei ihrer Rückkehr.

Wohl gestand sie ihre Schuld, wohl holte der Vater schnell den Arzt herbei, doch es war schon zu spät; noch an demselben Abend war Lottchen nach schrecklichen Schmerzen eine Leiche. Das weiße Pulver war Fliegengift gewesen.

L. Thomas.

38. Naschen.

Kind. Torten, Obst und Mandelkern' eß' ich freilich gar zu gern, auch möcht' ich von jenem Kuchen, der so schön sicht, wohl versuchen. Doch ein Stimmchen in mir spricht: „Nasche nicht! nasche nicht!"

Kuchen, Obst und Mandelkern', gibt mir ja die Mutter gern; Und doch muß ich mich jetzt zähmen, darf davon kein Krümchen nehmen. Warum wohl das Stimmchen spricht: „Nasche nicht! nasche nicht!"

Das Stimmchen. Aus dem Näscher wird ein Dieb, d'rum, ist Glück und Ruh' dir lieb, laß dich all' die süßen Brocken, nicht zum kleinsten Griffe locken! Folg' dem Stimmchen, welches spricht: „Nasche nicht! nasche nicht!"

39. Die Singvœgel.

Ein freundliches Dörfchen war von einem ganzen Walde fruchtbarer Bäume umgeben. Die Bäume blüheten und dufteten im Frühlinge auf das Lieblichste; im Herbste aber waren alle Zweiglein reichlich mit Aepfeln, Birnen und Zwet-

schen beladen. Auf ihren Aesten und in den Hecken umher
sangen und nisteten allerlei muntere Vögelein. Da fingen
einige böse Buben an, die Nester der Vögel auszunehmen.
Die Vögel zogen aus dem Orte nach und nach ganz hinweg.
Man hörte an den schönen Frühlingsmorgen kein Vögelein
mehr singen, und in den Gärten war es ganz still und traurig.
Die schädlichen Baumraupen, die sonst von den Vögeln weg-
gefangen wurden, nahmen überhand und frassen Blätter und
Blüthen ab. Die Bäume standen kahl da, wie mitten im
Winter, und die bösen Buben, die sonst köstliches Obst im
Ueberflusse hatten, bekamen nicht einmal mehr ein Aepfel-
chen zu essen.

CH. SCHMID.

40. Knabe und Schmetterling.

"Lieber Knabe, ach tödte mich nicht! Kaum begrüss' ich
das Sonnenlicht! Habe geschmachtet lange Wochen, eh' ich
die enge Puppe zerbrochen! Bin so vergnügt, hätte mich
gern auf den Blumen gewiegt! Sieh', wie so herrlich mich
Gott geschmückt! Flügel hab' ich mit Gold gestickt, einen
Mantel, mit Sammet belegt, wie ihn der Kaiser nicht schöner
trägt! Ach, und die ganze prächtige Zier wolltest du grau-
sam zerstören mir? Wolltest mit deinem spitzigen Eisen mir
das fröhliche Herz zerreissen? Lieber Knabe, ach, lass mich
leben! Gott hat uns beiden den Frühling gegeben! Mir und
dir auch ein Herz dabei, das gern glücklich schlägt und frei!"
Da liess der Knabe die Nadel sinken. "Geh'," rief der
Knabe, "wohin dir die Blumen winken! Wir wollen uns
beide des Frühlings erfreu'n, und springen und jauchzen und
lustig sein!"

AGNES FRANZ.

41. Vom listigen Grasmücklein ein lustiges Stücklein.

Hans ist in den Wald gegangen, weil er will die Vög'lein fangen;
auf den Busch ist er gestiegen, weil er will die Vög'lein kriegen.
Doch im Nestchen sitzt das alte Vögelein just vor der Spalte, schaut
und zwitschert: „Ei, der Taus! Kinderlein, jetzt kommt der Klaus!
Hu, mit einem großen Prügel, Kinderlein, macht auf die Flügel."
Prr, da flattert's: husch, husch, husch! Leer das Nest und leer der
Busch. Und die Vög'lein lachen Klaus mit dem großen Prügel
aus: daß er wieder heimgestiegen, weil er konnt' kein Vög'lein
kriegen; daß er wieder heimgegangen, weil er konnt' kein Vög'lein
fangen.

8

42. Die Quelle und der Wanderer.

Ein Wanderer kam im heißesten Sommer zu einer frischen Quelle. Er war stark und lange gegangen; der Schweiß stand auf seiner Stirn, seine Zunge war vor Durst fast vertrocknet. Da sah er dies silberhelle Wasser, glaubte hier neue Kräfte zu sammeln und trank. Aber die große, zu schnell abwechselnde Kälte wirkte schädlich auf ihn und er sank zu Boden. — „Ach, schändliches Gift," rief er, „wer hätte unter einem so reizenden Anscheine eine solche Bosheit vermuthet?" — „Ich ein Gift?" sprach die Quelle. „Wahrlich, du verläumdest mich. — Sieh, die Flur rund herum grünt und lebt durch mich. Von mir tränken sich die Heerden. Tausende deiner Brüder fanden hier Erfrischung und Labetrank. Nur Uebermaß und Unvorsichtigkeit von deiner Seite machten den Genuß dir schädlich. Ich bin schuldlos an deinen Schmerzen; selbst an deinem Tode, wenn er erfolgen sollte, würde ich's sein."

43. Spinne und Fliege.

Sp. „Fliege, du Theure, ich bitte dich, besuch' doch noch ein wenig mich! Ich will dir ein frohes Stündchen bereiten, dich reichlich bewirthen mit Süßigkeiten."

Fl. „Frau Spinne, da komm' ich sogleich zu dir, denn Süßigkeiten behagen mir."

Die Spinne ihrer List sich freut, die Fliege besucht sie ungescheut. Doch ach! kaum hat sie sich niedergesetzt, fühlt sie sich gefangen, geknebelt, verletzt. Da seufzt sie: „Du Böse, du hast gelogen." Ach, wer leicht glaubt, wird leicht betrogen.

Erdm. Stiller.

44. Die Geis.

Es war einmal eine Geis, der war's zu wohl im Stall; da ging sie hin auf's Eis, that einen bösen Fall. Und als die Geis gefallen war, da kam das alte Mütterlein dar und sprach: „Du albernes Geiselein, hättest wohl können vorsichtig sein; sieh, hast gebrochen ein Bein!" — „Ach! ach!" sprach drauf das Geiselein, „ach, allerliebstes Mütterlein, hätt' ich gewußt, wies Beinbrechen thät', nimmermehr ich so gesprungen hätt'!" — Das merk' sich wohl die Jugend an, bald ist ein kecker Streich gethan und reut den Thäter hinterher; hätt' er's noch zu thun, thät' er's wohl nicht mehr.

45. Das Kind und die Taube.

Ein kleines, schneeweißes Täublein mit schwarzem Köpfchen kam zutraulich in das Haus, wo die sanfte Johanna wohnte. Das

Kind bückte sich leise zur Taube herab und reichte ihr Semmel=
brocken. Dann streichelte Johanna das liebe Thier, nahm es auf
den Arm und sagte: „Fürchtest du dich denn nicht, du liebes Thier?"
Da sah die Taube das Kind mit hellen, freundlichen Augen an
und sprach: „Was soll ich denn fürchten? Ich habe ja Niemau=
den etwas Leid's gethan!"—„Hörst du, mein Kind," sagte die Mut=
ter des Mädchens, „das Täubchen sagt dir eine herrliche Wahrheit:
Thue immer das Rechte! dann werden deine Augen stets auch so
hell und offen leuchten, wie die des Täubchens, und du wirst die
Menschen nie fürchten."

46. Der Knabe und die Biene.

In eine Blume war ein Bienchen einst gekrochen.
Die Blume pflückte sich ein Kind in einen Strauss
Und trieb mit Ungestüm den kleinen Gast heraus.
"So herrisch?" rief das Bienchen zürnend aus.
"Vermuthlich warst du nie gestochen?
Du sah'st doch wohl, dass ich auf diese Blume flog
Und ruhig meinen Honig sog?
Denkst du vielleicht, ich sei zu klein,
Dich, kleiner Mensch, zu strafen? Nein,
So klein ich bin, so soll's dich reu'n!"
So sprach sie und den Augenblick
War's auch gescheh'n. Doch ach! der Stachel blieb zurück;
D'rum starb sie und erfuhr zu spät: dass, wer gern Rache
An Andern übt, sich selber elend mache!

47. Der Blumenkranz.

Ein ehrwürdiger Greis, mit blühend rothen Wangen und schnee=
weißem Scheitel, feierte seinen achtzigsten Geburtstag. Seine
Kinder versammelten sich um ihn, wünschten ihm Glück und küßten
unter Thränen der Freude und Rührung ihm die Hände. Seine
Enkel überreichten ihm, als ein Sinnbild seiner blühenden Gesichts=
farbe bei weißen Haaren, einen Kranz von Rosen und Lilien.
Der Großvater sprach: „Diese Krone von Rosen und Lilien ist
wohl sehr schön und lieblich; allein die schönste Krone der Eltern
und Großeltern sind Kinder und Kindeskinder, die schön wie Rosen
blühen und rein und schuldlos sind, wie die Lilien. Ich will daher
den Blumenkranz abmalen lassen — und in der Mitte des Kranzes
sollen mit goldenen Buchstaben die Worte stehen, die jedes von
euch in sein Herz schreiben soll:
„Dein Sinn und dein Verlangen sei immer lilienrein,
So werden deine Wangen stets schöne Rosen sein."

Schmidt.

48. Die Rose.

Mariechen sprach am Fensterrand, wo eine schöne Rose stand: „Die Rose ist in ihrer Zier die allerliebste Blume mir! Doch gerne will ich ohn' Bedenken, sie meinem lieben Lehrer schenken. Ich nahm mich dieses Sträuchleins an; doch er, er hat viel mehr gethan! Er gab voll treuer Sorg' und Müh' uns geist'ge Nahrung spät und früh, war manchen Tag und manche Nacht auf seiner Schüler Wohl bedacht, d'rum schenk' ich ihm mein Liebstes heut', bis schön'rer Lohn sein Herz erfreut!" D'rauf nahm Mariechen still zur Hand ihr blühend schönes Liebespfand. O, wie den Lehrer still gefreut des guten Kindes Dankbarkeit!

49. Der Fuchs und der Rabe.

Ein Rabe saß auf einem Baume und hielt ein Stück Fleisch in seinem Schnabel. Der Fuchs sah es und sann darauf, wie er den Raben darum betrügen wollte.

„Meister Rabe," fing er an, „ihr habt ein stattliches Aussehen; ihr seid schön und stark, wie der Adler; Schade, daß ihr stumm seid und nicht schreien könnt, wie der Adler."

Den Raben freute die Schmeichelei des Fuchses und er dachte: „Ich will ihm doch zeigen, daß ich nicht stumm bin, sondern schreien kann, so gut wie der Adler. Er öffnete seinen Schnabel, um seine Stimme hören zu lassen, und ließ das Fleisch fallen.

Der Fuchs lief mit dem Fleisch davon, und der Rabe verfolgte ihn mit kläglichem Geschrei. Da spottete der Fuchs: „Gebt euch zufrieden, Meister Rabe! Denkt: Wie gewonnen, so zerronnen. Ihr hattet das Fleisch gestohlen, und ein Anderer frißt es auf. Zum Danke schenke ich euch ein schönes Sprüchlein: „Wer gern auf Schmeichler hört, wird leicht bethört!" Nicht wahr, mein Sprüchlein ist doch wohl mehr werth, als ein Stück Fleisch?"

„Wie ist mir so wehe!" sagte der Fuchs, als er das Fleisch verzehrt hatte. „Ich habe Schmerzen im Leibe und in allen Gliedern!" Er ging, wie sonst, zu dem Gevatter Kranich, der ein berühmter Doctor war. Der fühlte ihm an den Puls und sagte: „Bei euch ist keine Hülfe; ihr habt wohl gar vergiftetes Fleisch gefressen?"

„O wehe!" jammerte der Fuchs, „daran ist der boshafte Rabe Schuld; der hat mir vergiftetes Fleisch gebracht."

„Ihr habt es ihm ja mit List genommen," sagte der Kranich, „und habt ihm dagegen ein Sprüchlein geschenkt. Gebt Acht, ich will euch dagegen zwei Sprüchlein schenken. Das eine heißt: „Unrecht Gut gedeihet nicht," und das andere: „Wie die Thaten, so der Lohn."

50. Der Aal und die Schlange.

„Betrachte mich einmal!" sprach eine Schlange zu dem Aal,
„bin ich nicht wunderschön? Ist wohl noch eine Haut so buntge=
fleckt zu seh'n? Zwar dein' ist glatt; doch mein' ist glatt und
schön."

„Schön ist," antwortete der Aal, „die deinige; die meinige nur
glatt, wie aber kommt's, das sag' einmal, daß man mich lieber hat
und lieber sieht, als dich? Ein jeder, der dich sieht, ruft Hülf' und
flieht."

Die wunderschöne Schlange spricht: „Er flieht? Warum? Das
weiß ich nicht." „Ich aber weiß es," spricht der Aal; „auch wissen
es die Menschen alle, die dich im Grase liegen seh'n. Von außen
bist du schön; von innen — Gift und Galle.

Gleim.

51. Der Mann mit dem hœlzernen Fusse.

Thomas ging mit seinem zwölfjährigen Sohne auf einen
Jahrmarkt. Auf dem Wege kamen sie an einem Manne vor-
bei, der keuchend und mühsam seinen hölzernen Fuss nach-
schleppte und sie um ein Almosen bat. Thomas gab ihm
einen Groschen und sagte: "Durch was für ein Unglück habt
ihr denn euern Fuss verloren?"

"Ach, mein Herr!" antwortete der Mann mit einem tiefen
Seufzer, "ich war wohl selbst Schuld an meinem Unglück.
Ich denke nur mit Schmerz daran. Als ich etwa so gross, wie
euer Knabe da war, rang ich aus Scherz mit einem andern
Knaben. Der warf mich zu Boden, fiel auf mich, und —
mein Bein war entzwei. O, was hab' ich da für Schmerzen
ausgestanden! Man nahm mir einen Knochensplitter nach
dem andern heraus. Endlich kam der Brand dazu, und man
musste mir den ganzen Fuss abnehmen, wenn ich am Leben
bleiben wollte. Meine Eltern habe ich früh verloren, arbeiten
kann ich nicht, da muss ich jetzt — betteln, wie ihr seht."
Dabei wischte er sich eine Thräne ab.

"Gott vergelte es euch tausendfach!" so rief er noch, als
Thomas und sein Sohn gerührt fortgingen.

Der Vater sagte: "Wie wenig achten die Menschen in
ihrer Jugend die Gesundheit; wie oft machen sie sich aus
Frevel und Leichtsinn zu Krüppeln. Wie leicht ist ein
Auge, ein Arm oder Fuss, oder gar das Leben verloren! Und
wie schmerzlich muss es sein, wenn ein solcher Unglück-
licher sich sagen muss: Du bist selbst Sshuld an deinem Un-
glücke!"

6

52. Das Lämmchen.

Ein junges Lämmchen, weiß wie Schnee, ging einst mit auf die Weide; muthwillig sprang es in den Klee mit ausgelaſſ'ner Freude.

Hopp, hopp! ging's über Stock und Stein mit unvorſicht'gen Sprüngen. „Kind," rief die Mutter, „Kind, halt ein! Es möchte dir mißlingen."

Allein das Lämmchen hüpfte fort, bergauf, bergab in Freuden; doch endlich mußt's am Hügel dort für seinen Leichtſinn leiden.

Am Hügel lag ein großer Stein, den wollt es überſpringen; seht da, es springt und — bricht ein Bein; aus war nun Luſt und Springen.

> Ihr lieben, muntern Kinder, ſchreibt
> Dies tief in eure Herzen:
> Die Freuden, die man übertreibt,
> Verwandeln ſich in Schmerzen.

53. Thau und Reif.

"Martha," sprach der kleine Franz, "sage mir doch, woher der Thau kommt!"

"Er fällt vom Himmel," antwortete Martha, ein altes Mütterchen. Franz kam zum Vater und fragte ihn, ob der Thau wirklich vom Himmel falle.

Der Vater lächelte. "Nein, mein Sohn," sagte er, "das ist ein Irrthum. Der Thau fällt nicht vom Himmel. Er entsteht so: Die Erde und die Pflanzen dünsten aus; in der Nacht, wo es kühler ist, als am Tage, ziehen sich die Ausdünstungen in Tropfen zusammen, und die nennt man den Thau. Dass er nicht vom Himmel fällt, sollst du mit eigenen Augen sehen."

Der Vater nahm des Abends einen Topf und ging mit Franz in den Garten. "Sieh', Franz," sagte er, "dieses Gras hier ist jetzt trocken; ich decke den Topf darüber. Fällt nun in der folgenden Nacht ein Thau, so kann er durch den Topf nicht hindurch, und das Plätzchen unter dem Topfe bleibt trocken. Finden wir aber auch unter dem Topfe Thau, so ist das ein sicherer Beweis, dass der Thau nicht vom Himmel fällt."

Am andern Morgen wurde der Topf aufgehoben, und man fand Thau darunter. —

Im Herbste gefriert oft der Thau, und dann nennt man ihn Reif.

54. Der Wecker.

Wer schlägt so rasch an die Fenster mir mit schlanken, grünen Zweigen? Der junge Morgenwind ist hier und will sich lustig zeigen. „Heraus, heraus, du Menschensohn!" so ruft der kecke Geselle, er schwärmt von Frühlingswonnen schon vor deiner Kammerschwelle. Hörst du die Käfer summen nicht? Hörst du das Glas nicht klirren, wenn sie, betäubt von Duft und Licht, hart an die Scheiben schwirren? Die Sonnenstrahlen stehlen sich behende durch Blätter und Ranken, und neckten auf deinem Lager dich mit blendendem Schweben und Schwanken. Die Nachtigall ist heiser fast, so lang' hat sie gesungen; und weil du sie gehört nicht hast, ist sie vom Baum gesprungen. Da schlug sie mit dem leeren Zweig an deine Fensterscheiben. Heraus, heraus, in des Frühlings Reich! Er wird nicht lange mehr bleiben.

55. Ehrfurcht gegen das Alter.

Ein Knabe sah an der Thür einen Greis vorüber gehen, der wegen seines Alters schon einen ganz gekrümmten Rücken hatte. Ohne zu bedenken, daß er auch alt zu werden wünschte, fing er an, des alten Mannes zu spotten. Der Greis bedauerte den unartigen, leichtsinnigen Knaben, und statt ihm zu zürnen, wendete er sich liebreich um und sagte: „Lieber Junge, versündige dich nicht an einem alten Manne! Du weißt noch nicht, was dir in deinem Leben zustoßen kann. Hast du nur erst so viel gearbeitet, wie ich, und so lange die Last und Hitze des Tages getragen, so wirst du gewiß nicht mehr so leicht und fröhlich herumspringen können, wie jetzt. — Die sanfte und unverhoffte Anrede des Greises rührte den Leichtsinnigen. Er schämte sich seines Betragens, bereuete es und bat den Alten herzlich um Verzeihung. „Ich freue mich," bemerkte der Greis, „daß du deinen Fehler wieder gut zu machen suchst. Begehe ihn nie wieder, damit dir Gott einst ein frohes und glückliches Alter verleihe." —

Vor einem grauen Haupte sollst du aufstehen und die Alten ehren.

Das Alter ehre stets;
Du bleibst nicht immer Kind.
Sie waren, was du bist,
Und du wirst, was sie sind.

56. Die alte und die junge Forelle.

In des Rheines Silberquelle, die auf glatten Kieseln floss, zog sich eine Steinforelle einst ein jung Forellchen gross. Rings umzäunt von Dorngeflechte und von schroffen Steinen, sah'n beide weder Mensch, noch Hechte sich dem stillen Börnlein nah'n. "Söhnlein, lass dich nie verleiten," sprach die Mutter, "in den Bach, der dich lockt, hinabzugleiten! da ist nichts als Weh und Ach! Dass dich nicht der Trug verderbe, der so Manchen schon verdarb; Kindlein, bleib' im kleinen Erbe!" Also sagte sie und starb.

Und das Söhnlein sah im kühlen Bach von ferne eine Schaar fröhlicher Forellen spielen, sonder Jammer und Gefahr. Und nun kam mit frohen Blicken der Gefang'ne auch hervor, tanzte auf des Bächleins Rücken, plätscherte im Schilf und Rohr. Lustig tummelt' er und fragte: "Wo sind die Gefahren nun?" Keiner der Gesellen wagte, es dem Kühnen gleich zu thun. Ihm behagt es immer besser in der neuen, weiten Welt. Weiter wird der Bach und grösser, bis er über Felsen fällt. Hier nun riss mit Wetterschnelle ihn des Stroms Gewalt entlang; traurig blickt er nach der Quelle, als ihn, ach! ein Hecht verschlang.

57. Der Staar.

Der alte Jäger Moritz hatte in seiner Stube einen abgerichteten Staar, der einige Worte sprechen konnte. Wenn der Jäger zum Beispiel sagte: „Stärlein, wo bist du?" so schrie der Staar allemal: „Da bin ich!" Des Nachbars kleiner Karl hatte an dem Vogel eine ganz besondere Freude und machte ihm öfters einen Besuch. Als Karl wieder einmal kam, da war der Jäger eben nicht in der Stube; Karl fing schnell den Vogel, steckte ihn in die Tasche und wollte damit fortschleichen. Allein in eben dem Augenblicke kam der Jäger zur Thüre herein. Er dachte dem Knaben eine Freude zu machen und rief wie gewöhnlich: „Stärlein, wo bist du?" — und der Vogel in der Tasche des Knaben schrie, so laut er konnte: „Da bin ich!"

Ein Diebstahl sei so schlau er mag,
Er kommt oft seltsam an den Tag.

Schmidt.

58. Der Fuchs und der Iltis

Einst hatt' ein Iltis eine Gans gefangen. Er trug sie fort mit vieler Müh'. Zu rechter Zeit kam Reinecke gegangen. „Ei, speisest du nun gar solch grobes Federvieh?" sprach er den Räuber lächelnd an. „Ich meinte, nur die zarte Taube sei deine Kost. Fürwahr, ich glaube, du hast zum Nothbehelf den Schreier abgethan." „Ja, wolltest du zwei Küchlein dafür geben," begann der Iltis, „gäb' ich sie wohl hin." „Freund, zwei? ich will dir fünfe dafür geben," rief Meister Fuchs, „so wahr ich ehrlich bin." Mit Freuden ward der Vorschlag angenommen, und Meister Fuchs — soll heut' noch wiederkommen.

Wer schnell und mehr, als du verlangst, verspricht,
Hat Lug im Herzen — trau ihm nicht.   Krummacher.

59. Die Nußschale.

Das kleine Lieschen fand in dem Garten eine Nuß, die noch mit der grünen Schale überzogen war. Lieschen sah sie für einen Apfel an und wollte sie essen. Kaum hatte sie aber hineingebissen, so rief sie: „Pfui, wie bitter!" und warf die Nuß weg.

Konrad, ihr Bruder, der klüger war, hob die Nuß sogleich auf, schälte sie mit den Zähnen ab und sagte: „Ich achte diese bittere Schale nicht; weiß ich doch, daß ein süßer Kern darin verborgen steckt, der mir dann desto besser schmecken wird."

Acht' keiner Mühe Bitterkeit,
Die dich mit süßem Lohn erfreut.

Chr. Schmidt.

60. Bauer und Brillenhændler.

Ein Bauer, schon in grauen Haaren, jedoch in Allem unerfahren, sah, dass sein Nachbar Hinz, dess Auge nicht mehr taugte, zum Lesen eine Brille brauchte. Entschlossen eilt er in die nächste Stadt und fragt, wer Brillen zu verkaufen hat. Man weiset ihn zurecht. "Ich möchte gerne Brillen kaufen!" rief er den Brillenhändler an. "O, damit kann ich, lieber Mann" — erwiedert Jener ihm — "zu Dutzenden euch dienen! Kommt nur herein zu mir in's Haus und sucht euch selber unter ihnen die, welche euch am besten passet, aus. Hier, diese scheint besonders helle! Da, nehmt dies Buch — ihr stehet an der Quelle; — probiret, ob dadurch ihr deutlich lesen könnt." — Der Bauer, der vor Neugier brennt, zeigt sich bereit dazu, setzt jede auf die Nase und gucket schmunzelnd durch; er wischet an dem Glase und dreht es hin und her; — umsonst, das Lesen will nicht gehen. — Der Brillenhändler bringt der Gläser mancherlei aus seinem Vorrath noch herbei; doch wollte schlechterdings für Kunzen's Augen kein einzig Glas nur im Geringsten taugen. "Ei," fing der Kaufmann an, "bald merk' ich, wo es brennt; vielleicht mein Freund, dass ihr noch gar nicht lesen könnt?" — "Hm!" sprach der Bauer d'rauf, "Herr, wenn ich lesen könnte, da wär' ich wohl ein Narr, dass ich nach Brillen rennte."

61. Der alte Löwe und die ihn besuchenden Thiere.

Ein alter Löwe lag kraftlos vor seiner Höhle und erwartete den Tod. Die Thiere, deren Schrecken er bisher gewesen war, bedauerten ihn nicht, sie freuten sich vielmehr, daß sie seiner los wurden.

Einige von ihnen, die er einst verfolgt hatte, wollten nun ihren Haß an ihm auslassen. Der arglistige Fuchs kränkte ihn mit beißenden Reden; der Wolf sagte ihm die ärgerlichsten Schimpfworte; der Ochs stieß ihn mit den Hörnern; das wilde Schwein verwundete ihn mit seinen Hauern; und selbst der träge Esel gab ihm einen Schlag mit seinem Hufe. Das edle Pferd aber blieb schweigend stehen und that ihm nichts, obgleich der Löwe seine Mutter zerrissen hatte. „Willst du nicht," fragte ihn der Esel, „dem Löwen auch Eins hinter die Ohren geben?" Das Pferd antwortete: „Ich halte es für niederträchtig, mich an einem Feinde zu rächen, der mir nicht mehr schaden kann."

Lessing.

62. Der Löwe und der Fuchs.

„Herr Löwe," sprach der Fuchs, „ich muß
Es dir nur sagen; mein Verdruß
Hat sonst kein Ende.

Der Esel spricht von dir nicht gut.
Er sagt: was ich an dir zu loben fände,
Das wiss' er nicht; dein Heldenmuth
Sei zweifelhaft; auch gäbst du keine Proben
Von Großmuth und Gerechtigkeit;
Du würgtest selbst die Unschuld, suchtest Streit.
Er könne dich nicht loben."

Ein Weilchen schwieg der Löwe still;
Dann sprach er: „Fuchs, er spreche, was er will:
Denn was von mir ein Esel spricht,
Das acht' ich nicht."

Gleim.

63. Der Wolf auf dem Todtenbette.

Der Wolf lag in den letzten Zügen und schickte einen prüfenden Blick auf sein vergangenes Leben zurück. "Ich bin freilich ein Sünder," sagte er, "aber doch, hoffe ich, keiner von den grössten. Ich habe Böses gethan, aber auch viel Gutes. Einstmals, erinnere ich mich, kam mir ein blockendes Lamm, welches sich von der Heerde verirrt hatte, so nahe, dass ich es gar leicht hätte würgen können, und ich that ihm nichts. Zu eben dieser Zeit hörte ich die Spöttereien und Schmähungen eines Schafes mit der bewunderungswürdigsten Gleichgültigkeit an, obschon ich keine es schützende Hunde zu fürchten hatte." "Und das Alles kann ich dir bezeugen," fiel ihm Freund Fuchs, der ihn zum Tode bereiten half, in's

Wort; "denn ich erinnere mich gar wohl aller Umstände dabei. Es war zu eben der Zeit, als du dich an dem Beine so jämmerlich würgtest, das dir der gutherzige Kranich hernach aus dem Schlunde zog."

LESSING.

64. David und der Riese Goliath.

War einst ein Riese Goliath, gar ein gewalt'ger Mann, er hatte einen Tressenhut und eine Troddel d'ran. Doch dabei war der eitle Tropf so dumm, als hätt' er Stroh im Kopf. Nach seinem Schnurrbart sah man nur mit Zittern und mit Graus, und dabei sah' er von Natur gar wild und grimmig aus. Sein Sarras war, man glaubt' es kaum, so groß fast wie ein Hebebaum. Er hatte Knochen wie ein Gaul und eine freche Stirn und ein gewaltig großes Maul, doch nur ein kleines Hirn, gab Jedem einen Rippenstoß und flunkerte und prahlte groß. So kam er alle Tage her und sprach Israel Hohn: „Wer ist der Mann? Wer wagt's mit mir? Sei's Vater oder Sohn, er komme her, der Lumpenhund, ich werf' ihn nieder auf den Grund!" Da kam in seinem Schäferrock ein Jüngling zart und fein, der hatte nichts als seinen Stock, die Schleuder und den Stein, und sprach: „Du hast viel Stolz und Wehr, ich komm' im Namen Gottes her." Und damit schleudert' er auf ihn und traf die Stirne gar; da fiel der große Esel hin, so lang und dick er war, und David haut in guter Ruh ihm nun den Kopf noch ab dazu. Trau nicht auf deinen Tressenhut und auf die Troddel d'ran; ein großes Maul es auch nicht thut, das lern' vom langen Mann; und von dem Kleinen lerne wohl, wie man mit Ehren fechten soll.

Claudius.

65. Der Nordwind.

Der Nordwind ging einmal spazieren, aber da er ein wilder Geselle war, so trieb er allerlei Unfug. Als er in den Garten kam, da zauste er die Rose an den Haaren, der Lilie knickte er den Stengel, brach die reifen Aprikosen ab und warf die Bienen in den Koth. Im Felde trieb er es noch ärger. Da stieß er die Aehren in den Staub, schüttelte die unreifen Aepfel ab, riß die Blätter von den Zweigen und streute sie in der Luft umher, ja, einen alten schwachen Baum stürzte er ganz um, daß die Wurzeln in die Höhe standen. Da gingen die Leute klagen zu dem Windkönige, der in seinem Luftschlosse die Winde nach Belieben gefangen hält, oder gehen läßt, und sie erzählten ihm, was der wüste Nordwind angerichtet hätte, und wie der Garten und das Feld trauerten über das Leid, das er ihnen zugefügt hätte. Da ließ der König den Nordwind kommen und fragte ihn, ob es wahr sei, was die Leute klagten. Er konnte es nicht leugnen, denn der zerstörte Garten und das zerstörte Feld lagen vor Aller Augen. Da fragte der König: „Warum hast du das gethan?“ Der Nordwind antwortete: „Ei, ich habe es nicht böse gemeint; ich wollte spielen mit der Rose und mit der Lilie und der Aprikose und mit den Uebrigen. Ich habe nicht gedacht, daß es ihnen weh thun würde.“ Da sagte der König: „Wenn du ein so grober Spieler bist, dann darf ich dich nicht mehr hinauslassen. Den ganzen Sommer über muß ich dich eingesperrt halten, im Winter, wenn es keine Blumen und keine Blätter und keine Früchte mehr gibt, dann magst du hinausgehen und spielen. Ich sehe, du passest nur für das Eis und den Schnee, aber nicht für die Blumen und die Früchte.“

Curtmann.

66. Der Tanzbär.

Ei, sehet doch, der Bär, der Bär, mit schwerem Tritt trabt er daher! Der Mann dort mit dem Ranzen, der lässet ihn hübsch tanzen; die Trommel brummt, die Pfeife quiekt, wie sich's zu solchem Tanze schickt.

Der Bär ist gar ein faules Thier, verschläft sein halbes Leben schier, darum bekommt der Träge vom Treiber viele Schläge; wollt ihr vor Strafen sicher sein, arbeitet hübsch und lernet fein.

Der Bär, der ist ein Leckermaul, im Honigrauben gar nicht faul; die Bienen, sich zu rächen, mit manchem Stich ihn stechen. Seht, solchen schmerzenvollen Lohn trägt oft die Näscherei davon.

Der Bär, der brummt ohn' Unterlaß im zornigen, ergrimmten Baß, d'rum, Kinder, laßt euch wehren und brummt nicht wie die Bären — sonst fügt man in das Näschen klein euch hübsche Eisenringlein ein.

Der Bär, der Bär, der grobe Bär ist naschhaft, faul und brummt gar sehr; d'rum kann er wieder gehen, wir haben g'nug gesehen, wir wollen fleißig, mäßig, fein und keine Brummelbären sein.

67. Die junge Fliege.

Ein Fliegenschwarm saß um den Rand eines vollen Milchtopfes, der ohne Deckel dastand, und ließ es sich wohl schmecken. Die meisten der Fliegen waren noch jung, daher unbedachtsam, unerfahren und nicht gewohnt, sich vorzusehen. Darum sprach eine der alten Fliegen: „Ihr Kinder, bleibt ja, wie wir, am Rande des Topfes! Ihr seid noch zu jung, um die Gefahren zu kennen. Fragt auch nicht erst: „Warum?“ sondern folgt mir, sonst ist es um euch geschehen!“ — Die jüngste Fliege schlug die Warnung in den Wind, spottete noch und sprach: „Ei, höret nur, wie klug diese sein will;

wir wissen schon, daß die Alten furchtsam sind, so furchtsam bin ich aber nicht! Drum, frisch hinein gewagt! Oder bricht man in der Milch etwa gar ein Bein? — Ich wage es, und wer von euch Jungen ein Herz hat, der folge mir nach; gereuen wird es ihn nicht, und wir wollen dann erst recht schmausen!"

Schon machte sie Anstalt hineinzugehen; da rief die Alte noch einmal: „Kind, du wagst dich in den Tod!" — „Schweig!" schrie die Junge ihr entgegen, „ich bedarf deiner Warnung nicht mehr; ich bin selber groß und klug genug, oder sind nur die Alten klug?" — Die Alte bat; doch ihre Bitte blieb unerfüllt. Nachdem sich die Junge nun recht in die Mitte des Topfes gesetzt hatte, schwamm sie in der Milch, wie in einem großen Teiche umher. Bald sank sie unter, bald kam sie wieder in der Höhe, und strengte alle Kräfte an, um nicht zu versinken; aber umsonst war alle ihre Mühe. Sie mußte ihre Unfolgsamkeit mit dem Leben büßen.

Ein Kind, das nicht auf Warnung hört,
Ist sicher sehr beklagenswerth.

68. Das Lamm.

Zum Lamm spricht seine Mutter bang: "Kind, geh' nicht an den Felsenhang!" Das Lamm denkt aber still für sich: "Wie ist die Mutter wunderlich! Die schönsten Blumen stehn ja dort, die hol' ich mir nur eben fort." Doch wie es d'rauf die Blumen pflückt und in den tiefen Abgrund blickt, erschrickt es, gleitet von dem Rand und stürzt hinab die Felsenwand. Da lag es nun im tiefen Grund, im Herzen weh' an Gliedern wund, in Disteln und in Dorngehegen und konnt' nicht rühren sich, noch regen.

Die Sonne sank, es kam die Nacht, kein Auge hat es zugemacht; stets dacht' es an sein Mütterlein, wie das so traurig würde sein; auch an die Brüder allzumal und an den schönen warmen Stall, und sprach: "'s ist Alles meine Schuld, d'rum muss ich's tragen mit Geduld."

So litt es Hunger, Frost und Sorgen, bis dass erschien der lichte Morgen; da ist der gute Hirt gekommen und hat sein Rufen bald vernommen; von Dornen und von Herzeleid hat er das arme Lamm befreit und hat's der Mutter heimgebracht, der so viel Kummer es gemacht.

69. Das Gespenst.

Martin schlich sich um Mitternacht in den Schloßgarten, füllte zwei Säcke mit Obst und wollte nun zuerst den einen Sack nach Hause tragen.

Wie er mit dem Sacke so längs der Gartenmauer hinging, schlug
9

es auf dem Kirchthurme eben zwölf Uhr, die Luft rauschte gar schauerlich in dem Laube der Bäume, und Martin erblickte plötzlich neben sich einen schwarzen Mann, der dienstfertig den andern Sack zu tragen schien.

Martin that einen Schrei, ließ den Sack fallen und sprang, was er konnte. Der schwarze Mann ließ den Sack auch fallen, sprang eben so schnell neben Martin her bis an das Ende der Gartenmauer, wo er verschwand.

Martin erzählte am andern Morgen überall von dem gräßlichen Gespenste; nur daß er gestohlen habe, verschwieg er. Allein der Amtmann ließ den Martin noch am nämlichen Tage kommen und sagte zu ihm: „Du hast heute Nacht in dem Schloßgarten Obst gestohlen. Die Säcke, auf denen deines Vaters Name steht, haben dich verrathen. Ich werde dich deßhalb in den Thurm sperren lassen. Das schwarze Gespenst aber war weiter nichts, als dein Schatten, den du, da um zwölf Uhr der Mond aufging, an der neu geweißten Gartenmauer erblicktest."

So geht's Jedem, der Unrecht thut. Jedes rauschende Blatt erschreckt ihn, und er läuft vor seinem eigenen Schatten davon.

Bewahr' ein ruhiges Gewissen, so wirst du niemals zittern müssen.

Ch. Schmid.

70. Die beiden Häuser.

Zwei Männer gingen zusammen aus,
Und jeder bau'te sich ein Haus.
Der setzt's auf einen Fels und der auf Sand;
Und wie das eine stattlich bei dem andern stand,
Sah' Niemand im heitern Sonnenschein,
Welch' Haus von beiden möcht' das beste sein?
Da zieh'n am Himmel Wolken schwarz und groß,
Und Wind und Sturm und Regen platzen los:
Das Felsenhaus steht unbeweglich überall,
Das and're wankt und stürzt, thut einen großen Fall.
Wer auf der Tugend Grunde steht,
In Leid, in Noth und Tod besteht;
Wer aber ohne Tugend baut,
Der hat sein Heil dem Sand vertraut.

Hey.

71. Die sieben Stæbe.

Ein Bauersmann hatte sieben Söhne, die öfter mit einander uneins waren. Ueber dem Zanken und Streiten versäumten sie die Arbeit. Ja, einige böse Menschen machten sich die

Uneinigkeit zu Nutze und trachteten, die Söhne nach dem Tode ihres Vaters um ihr väterliches Erbtheil zu bringen.

Da liess der Vater eines Tages alle sieben Söhne zusammen kommen, legte ihnen sieben Stäbe vor, die fest zusammengebunden waren, und sagte: Dem, der dieses Bündel Stäbe zerbricht, zahle ich hundert grosse Thaler baar.

Einer nach dem andern strengte seine Kräfte an, und Jeder sagte am Ende: Es ist gar nicht möglich!

Und doch, sagte der Vater, ist nichts leichter! Er löste das Bündel auf und zerbrach einen Stab nach dem andern mit geringer Mühe. Ei, riefen die Söhne, so ist es freilich leicht, so könnte es ein kleiner Knabe!

Der Vater sprach: Wie es mit diesen Stäben ist, so ist es mit euch, meine Söhne! So lange ihr fest zusammenhaltet, werdet ihr bestehen und Niemand wird euch überwältigen können. Bleibt aber das Band der Eintracht, das euch verbinden sollte, aufgelöst, so wird es euch gehen, wie den Stäben, die hier zerbrochen auf dem Boden umherliegen.

Das Haus, wo Zwietracht herrscht, zerfällt,
Nur Einigkeit erhält die Welt.

CH. SCHMID.

72. Der Blinde und der Lahme.

Von ungefähr muß einen Blinden
Ein Lahmer auf der Straße finden,
Und Jeder hofft schon freudenvoll,
Daß ihn der And're leiten soll.

„Dir,“ spricht der Lahme, „beizustehen?
Ich armer Mann kann selbst nicht gehen.
Doch scheint's, daß du zu einer Last
Noch sehr gesunde Schultern hast.

Entschließe dich, mich fortzutragen,
So will ich dir die Stege sagen;
So wird dein starker Fuß mein Bein,
Mein helles Aug' das deine sein.“

Der Lahme hängt mit seinen Krücken
Sich auf des Blinden breiten Rücken.
Vereint wirkt also dieses Paar,
Was einzeln Keinem möglich war.

Gellert.

73. Der Geldbeutel.

Robert, ein armer Knabe, saß unter einem Baume, jammerte und weinte. Ein vornehmer Herr in einem grünen Kleide und mit einem Sterne auf der Brust jagte eben im Walde. Er kam herbei und fragte: „Kleiner, warum weinest du?"

„Ach," sagte Robert, „meine Mutter war lange krank, und da hat mich mein Vater in die Stadt geschickt, den Apotheker zu bezahlen; ich habe das Geld sammt dem Beutelchen verloren."

Der Herr redete heimlich mit dem Jäger, der ihn begleitete, zog dann einen kleinen Beutel von rother Seide heraus, in dem einige neue Goldstücke waren und sprach: „Ist dieses vielleicht dein Geldbeutel?" —

„O nein," sagte Robert, „der meinige war ganz schlecht und es war auch kein so schönes Geld darin."

„So wird's wohl dieser sein?" sagte der Jäger und zog ein unansehnliches Beutelchen aus der Tasche. „Ach ja," rief Robert voller Freude, „dieser ist es!"

Der Jäger gab es ihm, und der vornehme Herr sagte: „Weil du so ehrlich bist, so schenke ich dir diesen Beutel mit Geld noch dazu."

Ehrlich währt am längsten!

Schmidt.

74. Der arme Mann und sein Kind.

Ein armer Mann, gedrückt von mancher Noth, nahm in die Hand sein letztes Brod, und schnitt davon ein Stückchen ab, das er dem kleinen Kinde gab, das bei ihm stand, und: „Gott, ach Gott!" seufzt er dabei. — Beharrlich bot das kleine Kind das Schnittchen Brod dem Vater wieder. „Nehmt es doch," sprach es, „ich bitt euch, ich will noch wohl warten, Vater, weint nur nicht!" Der Vater wendet sein Gesicht und sagt: „Ich schneide noch ein Stück; behalt' es Kind!" Mit nassem Blick sieht er auf seinen Sohn herab, auf seinen Trost, und schneidet ab. — Doch wie erschrickt er! Plötzlich fällt ein Haufen glänzend Silbergeld aus seinem Brod. „Ach, was ist das?" sagt er erschrocken. „Söhnchen, laß die Thaler liegen, ich will gehn, der Bäcker soll sie liegen sehn. Vermuthlich hat der Mann das Geld, das aus dem lieben Brode fällt, hineingebacken!" der muß es auch wieder haben. Bleib indeß dabei, ich will geschwinde gehn!"

Er geht. Des Kindes Augen sehn ganz starr die blanken Thaler an, allein es rühret nicht daran.

Der Bäcker kommt, sieht sie und spricht: „Freund, das sind meine Thaler nicht; nein, glaubt es mir. Doch wißt ihr was? Ein reicher Mann macht euch den Spaß. Denn hört! Das Brod, das ihr geholt, war nicht von mir, ihr aber sollt nicht fragen, und von wem es ist, auch nicht erfahren. Das nur wißt, daß gestern Abend Einer kam, der mir das Brod gab, das ich nahm, und sagte: „Wenn ein armer Mann, der krank ist, Nichts verdienen kann, ein Brod holt, Freund, so gebt ihm dies.‟ So sagt er; ja, das ist gewiß! Drauf kamt ihr, und ich gab es euch. Seht, wie Gott sorgt! Nun seid ihr reich. Das Geld hat einen rechten Glanz.‟

Der arme Mann erstaunet ganz und auch sein Kind. Er nahm sein Brod und seufzt und sagte nur: „Ach Gott!‟ und schnitt sich noch ein Stückchen ab und sprach: „Den Mann, der es mir gab, den segne Gott! Ach, lebte doch, (er weint) nun deine Mutter noch, du liebes Kind!‟ Das Söhnchen spricht: „O Herzenvater, weint doch nicht!‟

Gleim.

75. Der träge Franz.

Franz blieb gern des Morgens im Bette liegen, wenn auch die Andern im Hause schon alle aufgestanden waren. Brachte man ihn endlich aus dem Bette, so dauerte es oft noch über eine halbe Stunde, ehe er sich angekleidet und gewaschen hatte und anständig am Tische erscheinen konnte. Dadurch gewöhnte er sich zur Trägheit und kam fast immer zu spät zur Schule.

Als nun keine Erinnerung helfen wollte, so sagte der Vater endlich zu ihm: „Franz, du bekommst künftig kein Frühstück mehr, wenn du nicht zur rechten Zeit aufstehst und dich geschwinde ankleidest.‟ Da mußte er auch wirklich einmal fasten, welches ihm gewaltig nahe ging. Nachher nahm er sich aber in Acht, stand zur rechten Zeit auf und kleidete sich hurtig an. Er wurde also durch Schaden klug. Besser ist es, wenn man ohne Schaden klug wird.

76. Bienchens Lehren.

Wenn das Bienchen sprechen könnt’,
Wüsst’ ich, was es spräche:
“Leutchen, ei es wundert mich,
Dass ihr seid so träge.
Arbeit und Bewegung macht
Uns das Leben heiter;
Wenn der Blumenkelch ist leer,
Flieg’ ich fröhlich weiter.”

“Leutchen, ei es wundert mich,
Dass ihr gerne zanket!
Alle Freude läuft davon,
Wenn der Friede wanket.
In dem engen Bienenstock
Muss man sich vertragen,

Und den Friedensstörer gar
Fort zum Kuckuck jagen.“

"Leutchen, ei es wundert mich,
Dass ihr nicht gehorchet,
Und nicht Jedem dankbar seid,
Welcher für euch sorget.
Uns'rer lieben Königin
Folgen wir mit Freuden,
Und wer sie verletzen will,
Hat mit uns zu streiten.

77. Die kleine Wohlthäterin.

Es war ein kalter, strenger Winter. Da sammelte die kleine
Minna, die einzige Tochter wohlthätiger Eltern, die Krümchen und
Brosamen, die übrig blieben, und bewahrte sie. Dann ging sie
hinaus zweimal des Tages auf den Hof und streute die Krümchen
hin. Und die Vöglein flogen herbei und pickten sie auf. Dem Mäd=
chen aber zitterten die Hände vor Frost in der bittern Kälte. Da
belauschten sie die Eltern und freuten sich des lieblichen Anblicks und
sprachen: „Warum thust du das, Minna?“

„Es ist ja Alles mit Schnee und Eis bedeckt,“ antwortete Minna,
„daß die Thierchen nichts finden können; nun sind sie arm. Da=
rum füttere ich sie, so wie die reichen Menschen die armen unterstützen
und ernähren.“

Da sagte der Vater: „Aber du kannst sie doch nicht Alle ver=
sorgen!“

Die kleine Minna antwortete: „Thun denn nicht alle Kinder in
der Welt wie ich, so wie ja auch alle reichen Leute die armen ver=
pflegen?“

Der Vater aber blickte die Mutter an und sagte: „O du heilige
Einfalt!“

Schmidt

78. Der Knabe und das Vögelchen.

Das Vögelchen.

„Lieber Knabe, willst mich fangen,
O verschone mein!
Ach! ich seh's, dein heiß Verlangen
Sperrte gern mich ein.
Aber denke, lieber Knabe,
Daß ich eine Mutter habe,
Die mit Schmerz ihr Kind vermißt,
Das so gerne bei ihr ist.

Denke, wenn ein Räuber käme,
So in roher Luft,
Ohne Mitleid fort dich nähme
Von der Mutter Brust!
Achtend nicht auf alles Klagen,
Wollt' er fort den Knaben tragen,
Sperren ihn so einsam ein:
Sag, wie würde dir dann sein?

Leben hat mir Gott gegeben,
Grade so wie dir;
Und noch höher, als das Leben
Gilt die Freiheit mir.
Hier in Gottes Welt, im Freien
Darf ich mich des Lebens freuen,
Und was Gott mir hat verlieh'n,
Darf der Mensch mir nicht entzieh'n!"

Der Knabe.

"Nein, ich will dich nimmer fangen,
Vöglein, bleib in Ruh'!
Bleib in kindlichem Verlangen
Bei der Mutter, du!
Laß nur wachsen dein Gefieder;
Lerne fliegen, lerne Lieder,
Singe sie im schönen Chor
Uns im freien Walde vor."

Hey.

79. Gesundheit ist ein großer Schatz.

Kunz ging einmal über Land und kam matt und verdrossen bei einem Wirthshause an, wo er sich einen Krug Bier und ein Stück schwarzes Brod geben ließ. Er war unzufrieden, daß er seine Reise zu Fuß machen mußte und nichts Besseres bezahlen konnte.

Kurz darauf kam ein schöner Wagen angerollt, in dem ein reicher Mann saß, der sich ein Stück kalten Braten und eine Flasche Wein reichen ließ, das er in seinem Wagen verzehrte.

Kunz sah ihm verdrießlich zu und dachte: "Wer es doch auch so gut hätte!"

Der Reiche merkte es und sagte zu ihm: "Hättest Du wohl Lust, mit mir zu tauschen?"

"Das versteht sich," antwortete Kunz, ohne sich lange zu bedenken; "steige der Herr heraus und gebe mir Alles, was er hat, ich will ihm auch Alles geben, was ich habe."

Sogleich befahl der Reiche seinen Bedienten, daß sie ihn aus dem

Wagen heben sollten. Gott, welcher Anblick! Seine Füße waren gelähmt; er konnte nicht stehen, sondern mußte sich von seinen Bedienten so lange halten lassen, bis die Krücken herbeigebracht wurden, auf die er sich stützte. „He!" fragte er, „hast du noch Lust, mit mir zu tauschen?"

„Wahrlich nicht!" gab der erschrockene Kunz zur Antwort. „Meine Beine sind mir lieber als tausend Pferdefüße. Ich will lieber Schwarzbrod essen und mein eigner Herr sein, als Wein und Braten haben und mich wie ein kleines Kind von Andern umherführen lassen. Gott behüte ihn!"

Mit diesen Worten stand er auf und ging fort.

„Hast Recht!" rief ihm der Reiche nach, „könntest du mir deine gesunden Schenkel geben, du solltest meinen Wagen, meine Rappen, mein Geld, kurz Alles dafür haben! Ein gesunder, armer Mann ist glücklicher als ein reicher Krüppel!"

Salzmann.

80. Der Trotzkopf.

"Ach Mutter, ach Mutter, ich bin so krank! Wie thut mir doch Alles so weh! Mich freut nicht mein Pferdchen, mich freut nicht Gesang, mit freut nicht das Waten im Schnee." — "Komm, lege dich in dein Bettchen geschwind. Ich hole den Arzt dir herbei, der wird dir bald helfen, mein armes Kind; der gibt dir recht gute Arznei." — "Nein, Mutter, nein, Mutter, ich mag nicht Arznei! Ich weiss schon, sie schmeckt mir nicht gut." — "O nimm sie; von Schmerzen macht sie dich ja frei und kühlt dir das kochende Blut." Umsonst war ihr Bitten, umsonst war ihr Fleh'n. Kein Tröpfchen nahm Ludewig ein. "Ach Söhnchen, ach Söhnchen, wie wird dir's ergeh'n! Dein Trotzkopf wird bald dich gereu'n." Und als nun der Sturmwind die Blätter verweht, so nahmen die Kräfte ihm ab. Nun nahm er Arznei; doch jetzt war's zu spät. Dort liegt nun der Trotzkopf im Grab.

81. Die Apfelkerne.

Die kleine Marie hatte einen Apfel gespeist und wollte so eben auch die Kerne desselben verzehren, als ihr älterer Bruder Fritz aus der Schule kam. „Schwester," sagte dieser, „wenn du wüßtest, was ich weiß, du äßest gewiß die Kerne nicht auf." — „Nun, was weißt du denn?" fragte Marie. — „Unser Lehrer," antwortete Fritz, „hat uns gesagt: Wenn man Obstkerne im Herbst in die Erde säet, so kann aus jedem mit der Zeit ein Baum werden, der viele schöne Früchte trägt." — Das kam nun zwar dem Mädchen unbegreiflich vor; doch auf das Wort ihres Bruders beschloß sie, einen Versuch zu machen. Die Kinder gingen also mit einander in den Garten und säeten die Kerne in einem abgelegenen Winkel. Im folgenden Frühjahre hatten sie die Freude, junge Bäumchen hervorsprießen zu sehen; die kamen in wenig Jahren in die Höhe und wurden Stämmchen. Die Kinder hielten sie nun rein von Unkraut und banden sie an Stöcke, damit sie gerade wüchsen. Fritz lernte von einem Gärtner das Pfropfen und Okuliren und verschaffte sich dann einige Pfropfreiser, um die wilden Stämme damit zu veredeln. Bald hatten die Geschwister die Freude, von den selbst gezogenen Bäumen die ersten Früchte zu pflücken, und da sie größer wurden, ernteten sie jährlich eine Menge des schönsten Obstes. Da sie einst auch dieses Segens sich freuten, sagte Fritz: „War es nicht gut, daß du damals die Kerne nicht aufaßest?" — „Ja wohl," antwortete Marie; „aber es war auch gut, daß du in die Schule gingst und solche nützliche Sachen lerntest."

Rochow.

82. Des Blümleins Wachsthum.

Kindlein, kommt, ich will euch zeigen, wie das Blümlein wächst und blüht! Kommt in's Freie, wo das Auge wunderschöne Dinge sieht! Samenkörnlein fällt zur Erde, und mit Staub bedeckt's der Wind; ruhig schläft es dann da unten, wie das wohlverwahrte Kind. Manchmal möcht's auch gerne trinken in der trocknen Niederung, dann spricht Gott zum Blumenengel: „Eil' und bring' ihm einen Trunk!" Und der Engel fliegt vom Himmel, rühret mit dem Finger blos an die Wolke, — und es regnet. Körnlein trinkt, und bald wird's groß, dehnt und streckt sich bald nach oben, bald nach unten weiter aus; oben will ein Stielchen werden, unten Würzelchen gar kraus. Also wächst es langsam weiter im verborg'nen Kämmerlein, daß sich's fast hervor kann wagen an die Luft im Sonnenschein. Ungeduldig wird es nimmer in der stillen Einsamkeit; wie ein gutes Kind erwartet auch das Pflänzchen seine Zeit. Endlich kommt's herauf. Wie freut sich's auf der schönen Frühlingsau! Wäscht geschwind sich ab die Erde rein mit kühlem Morgenthau. Und ihr freuet euch und rufet: „O das Blümlein zart und fein!" — So die Blümlein, so die Kinder; wenn sie gut geworden sind, dann erschallt aus jedem Munde: „O das wohlgerath'ne Kind!"

83. Die guten Nachbarn.

Das Knäblein des Müllers wagte sich zu nahe an den Bach. Es fiel hinein und wäre bald ertrunken. Allein der Schmied, der jenseit des Baches wohnte, sah es, sprang sogleich in das Wasser, zog das Kind heraus und brachte es dem Vater.

Ein Jahr darauf brach Nachts in der Schmiede Feuer aus. Das Haus stand schon beinahe ganz in Flammen, ehe der Schmied es merkte. Er rettete sich mit Weib und Kindern. Nur sein kleinstes Töchterlein hatte man im ersten Schrecken vergessen.

Das Kind fing in dem brennenden Hause an zu schreien; allein kein Mensch wollte sich hinein wagen. Da kam plötzlich der Müller, sprang in die Flammen — brachte das Kind glücklich heraus, gab es dem Schmied in die Arme und sagte: „Gott sei gelobt, daß er mir Gelegenheit gab, euch Gleiches mit Gleichem zu vergelten. Ihr habt meinen Sohn aus dem Wasser gezogen, und ich habe mit Gottes Hülfe eure Tochter aus dem Feuer errettet."

Dem, der sich Andern hülfreich zeigt,
Sind sie zu helfen auch geneigt!

Schmidt.

84. Das Pferd und der Esel.

Ein Esel trug einst eine schwere Last;
Ein ledig Pferd ging neben ihm. „Du hast
Auf deinem Rücken Nichts," sprach das belad'ne Thier;
„O liebes Pferdchen, hilf! ich bitte, hilf doch mir!"—
„Was? helfen?" rief der grobe Gaul;
Man kennt euch Esel schon; ihr seid sehr faul.
Trag' zu!" —— „Ich sterbe, liebes Pferd!
Die Last erdrückt mich! Rette mich!
Die Hälfte wär' ein Spiel für dich."

„Ich will nicht!" sprach das Pferd.
Kurz, unter dem zu schweren Sack
Erlag der Esel. Sack und Pack
Lud man sogleich dem Rappen auf,
Des Esels Haut noch oben d'rauf.

„Hätt' ich die Hälft' ihm abgenommen,
Wie gut wär' ich davon gekommen!"
Denkt jetzt der Gaul, dem fast der Rückgrat bricht. —
Einander beizusteh'n ist Bruderpflicht.

Gleim.

85. Fleiß.

Die Fliege sagte eines Tages zur Biene: „Sage mir doch, woher kommt es, daß Niemand dich, so wie mich, verfolgt? Jeder sucht mich zu tödten, während du ungestraft und gefahrlos den Saft aus den wohlriechendsten Blumen saugst. Ich mag mich dem trockenen Brode des Armen oder der Schüssel des Reichen nahen, so droht meinem Leben Gefahr. Ich glaube, wenn ich nur einen Stachel hätte, wie du, um mich an meinen Feinden zu rächen, dann würde man mich wohl in Ruhe lassen."

„Du irrst dich,‟ erwiederte die Biene, „nicht mein Stachel,
sondern mein Fleiß, durch den ich nützlich werde, verschafft mir den
Schutz der Menschen.‟

Willst du des Schutzes der Guten dich freu'n,
Suche den Menschen recht nützlich zu sein!

Schmidt.

86. Der Truthahn.

Ein Truthahn ging umher mit rauschendem Gefieder,
Sah auf der Hühner Heer mit stolzen Blicken nieder.
Der Hausherr hält auf mich, denkt er, so große Stücke,
Weil ich ihm seinen Hof durch Kraft und Schönheit schmücke.
„Du irrest, Truthahn, sehr, indem du dieses meinst,
Gleichgültig ist's dem Herrn, was lebend du erscheinst;
Doch, daß geschlachtet du noch gibst den größten Braten,
Das ist's, was ihm erscheint die größte deiner Thaten.‟

Mises.

87. Die Henne.

Zu einem alten, weisen Hahn
Hub einstmals eine Henne an:
„Kannst lehren mich nicht ein Gebet,
Wodurch von Menschen man erfleht,
Zu geh'n mit uns nicht in's Gericht?
Geschlachtet würd' ich gerne nicht.
Darauf der Hahn sprach zu dem Huhn:
„Weil du's bist, so will ich es thun;
Thu' jeden Morgen einen Schrei,
Ganz einfach, und dann leg' ein Ei;
All' Gackern hilft nicht so zum Ziel;
Was du willst schrei'n, das ist gleich viel.‟

Mises.

88. Der faule Jockel.

Ein Herr hatte einen faulen Knecht, der hiess Jockel. Als
der Hafer reif war, sagte der Herr: "Jockel, nimm flugs die
Sichel, geh' auf den Acker und sobald du den Hafer abgeschnitten hast, kommst du wieder nach Hause." Aber der
Jockel nahm die Sichel, ging bis vor den Haferacker und als
er sah, dass Viel zu schneiden war, getraute er sich nicht, daran zu gehen, setzte sich unter einen Baum, gähnte und
schlief ein. Als der Jockel gar nicht nach Hause kam, wurde
es dem Herrn zu lange und weil er keinen Menschen hatte,
schickte er seinen Pudel hinaus, um den Jockel zu beissen,
bis er den Hafer abgeschnitten hätte und nach Hause ginge.

Aber der Pudel war so böse nicht. Da er den Jockel schlafen sah, dachte er: "Der macht es gescheidt," legte sich zu dem Jockel und schlief auch ein. Nun war der Hafer nicht geschnitten, und der Jockel kam nicht nach Hause, und der Pudel auch nicht. Da ward der Herr noch verdriesslicher und sprach zu dem Prügel, der in der Ecke stand: "Prügel, eile dich, laufe hinaus auf den Acker und prügele den Pudel, bis er den Jockel beisst, dass dieser den Hafer schneidet, und dass ihr alle drei nach Hause kommet!" Der Prügel lief hin, weil er aber den Pudel schlafend fand, so dachte er, er könne ja warten, bis dieser aufwache, und ihn dann immer noch genug prügeln. So legte er sich zu den Andern und schlief auch. Da auch der Prügel nicht nach Hause kam, riss dem Herrn endlich die Geduld. Voll Zorn machte er sich selbst auf und sah mit Erstaunen den Hafer noch stehen und seine drei Abgesandten daneben liegen und schlafen. "Jetzt will ich doch einmal sehen, ob ich den Jockel nicht auf die Beine bringe," sprach er, ergriff den Prügel, prügelte damit den Pudel, der Pudel fuhr aus dem Schlaf auf und biss den Jockel in die Beine, dass dieser au und weh schrie. Als er aber seinen Herrn erblickte, da fiel dem Jockel seine Arbeit ein. Hurtig nahm er die Sichel und machte sich an den Hafer, und ehe es Abend war, war der Acker leer; und der Jockel, der Pudel und der Prügel waren wieder zu Hause. Da sagte der Herr: "Ein ander Mal will ich es gleich so machen."

89. Die Ameise und die Grille.

Eine faule Grille sang
Einen ganzen Sommer lang,
Und war immer ohne Sorgen
Für den lieben andern Morgen.
Weil der Sommer Nahrung hat,
Wurde sie auch täglich satt;
Aber als der Winter kam,
Der der Flur das Leben nahm,
Und nun Alles öde stand,
Und kein Würmchen sich mehr fand,
Spricht sie zu der Nachbarin,
Einer Ameis': "Ach, ich bin
Ja so hungrig, gieb mir doch
Ein klein wenig nur zu leben;
Deine Kammer hat ja noch
So viel Vorrath, und ich will
Alles ehrlich wiedergeben
Mit den Zinsen im April."

"Schwesterchen," antwortet ihr
Die Ameise, "sage mir
Doch nur erst, wie brachtest du
Deine Zeit im Sommer zu?
Sage mir, was thatest du?"
"Was ich that? Du weisst es wohl!
Ich, die Freundin vom Apoll,
Sang beständig; hast du mich
Nicht gehört, und konnte ich,
Schwesterchen, was Bess'res thun?"
"Grillchen, nein! doch tanze nun!"

GLEIM.

90. Der treue Hund.

Ein Kaufmann hatte einen Hund, der sehr wachsam und treu war. Einstmals ritt der Kaufmann von einem Markte, wo er viel Geld eingenommen hatte, nach Hause, und hatte sein Geld in einem Mantelsacke hinter sich auf's Pferd geschnallt. Der Hund lief neben ihm her. Nach und nach gingen durch das Reiten die Riemen los, womit der Mantelsack festgebunden war, und dieser fiel bald herab, ohne daß es der Kaufmann bemerkte. Der Hund aber sah es und fing an zu bellen und zu winseln, doch der Kaufmann kehrte sich nicht daran. Da der Hund aber immer ärger heulte und bellte, so hieb ihn der Kaufmann ein paar Mal mit der Peitsche. Aber der gute Hund hörte nicht auf. Er sprang an dem Pferde hinauf und biß es in die Beine, damit es nicht weiter gehen sollte, und von aller Anstrengung stand ihm der Schaum vor der Schnauze. Nun dachte der Kaufmann, sein Hund sei toll geworden, und schoß ihn mit seiner Pistole, daß er niederstürzte. Darauf ritt er weiter. Als er noch eine Strecke geritten war, fühlte er hinter sich und erschrak, da er seinen Mantelsack vermißte. Nun ritt er zurück und sah überall Blut von seinem Hunde, er folgte stets der blutigen Spur nach und kam endlich dahin, wo sein Geldsack herunter gefallen war; da lag sein treuer Hund neben dem Sacke. Er wedelte mit dem Schwanze, leckte seinem Herrn die Hand und — starb.

91. Die zwei Hunde.

Ein Junker hielt sich ein paar Hunde, es war ein Pudel und sein Sohn. Der junge, Namens Pantalon, vertrieb dem Herrchen manche Stunde. Er konnte tanzen, Wache steh'n, den Schubkarr'n zieh'n, in's Wasser geh'n, und Alles dieses aus dem Grunde. Der schlaue Fritz, des Jägers Kind, war Lehrer Pantalons gewesen, und dieser lernte so geschwind, als mancher Knabe kaum das Lesen.

10

—Einst fiel dem kleinen Junker ein, es müsse noch viel leichter sein, den alten Hund gelehrt zu machen. Herr Schnurr war sonst ein gutes Vieh, doch seine Herrschaft zog ihn nie zu solchen hochstudirten Sachen; er konnte blos das Haus bewachen. Der Knabe nimmt ihn vor die Hand und stellt ihn aufrecht an die Wand; allein der Hund fällt immer wieder auf seine Vorderfüße nieder. Man rufet den Professor Fritz, auch der erschöpfet seinen Witz. Umsonst! es will ihm nicht gelingen, den alten Schüler zu bezwingen. „Vielleicht," sprach Fritz, „hilft hier der Stock." Er holt den Stock; man prügelt Schnurren; noch bleibt er steifer, als ein Bock, und endlich fängt er an zu knurren. „Was wollt ihr?" sprach der arme Tropf; „ihr werdet meinen grauen Kopf doch nimmermehr zum Doctor schlagen. Geht, werdet durch mein Beispiel klug, ihr Kinder, lernet jetzt genug, ihr lernt nichts mehr in alten Tagen!"

92. Der Wolf und der Mensch.

Der Fuchs erzählte einmal dem Wolfe von der Stärke des Menschen. Kein Thier, sagte er, könnte ihm wiederstehen, und sie müßten List gebrauchen, um sich vor ihm zu retten. Da antwortete der Wolf: „Wenn ich nur einmal einen zu sehen bekäme, ich wollte doch auf ihn losgehen!" — „Dazu kann ich dir helfen," sprach der Fuchs; „komm nur morgen früh zu mir, so will ich dir einen zeigen." Der Wolf stellte sich frühzeitig ein, und der Fuchs ging mit ihm an den Weg, wo der Jäger alle Tage herkam. Zuerst kam ein alter abgedankter Soldat. „Ist das ein Mensch?" fragte der Wolf. — „Nein," antwortete der Fuchs, „das ist einer gewesen." Darnach kam ein kleiner Knabe, der zur Schule wollte. „Ist das ein Mensch?" — „Nein, das will erst einer werden." — Endlich kam der Jäger, die Doppelflinte auf dem Rücken und den Hirschfänger an der Seite. Da sprach der Fuchs zum Wolfe: „Siehst du, dort kommt ein Mensch, auf den mußt du losgehen; ich aber will mich fort in meine Höhle machen."

Der Wolf ging nun auf den Menschen los. Der Jäger, als er ihn erblickte, sprach: „Es ist Schade, daß ich keine Kugel geladen habe," legte an und schoß dem Wolfe das Schrot in's Gesicht. Der Wolf verzog das Gesicht gewaltig, doch ließ er sich nicht schrecken, und ging vorwärts. Da gab ihm der Jäger die zweite Ladung. Der Wolf verbiß noch den Schmerz und rückte dem Jäger doch zu Leibe. Da zog dieser seinen Hirschfänger und gab ihm links und rechts tüchtige Hiebe, daß er, über und über blutend und heulend, zu dem Fuchse zurücklief. „Nun, Bruder Wolf," sprach der Fuchs, „wie bist du mit dem Menschen fertig geworden?" — „Ach," antwortete der Wolf, „so hab' ich mir die Stärke des Menschen nicht vorgestellt! Erst nahm er einen Stock von der Schulter und blies hinein; da flog mir etwas in's Gesicht, das kitzelte mich ganz ent-

ſetzlich. Darnach blies er noch einmal in den Stock, da flog mir's
um die Naſe wie Blitz und Hagelwetter. Und als ich ganz nahe
war, da zog er eine blanke Rippe aus dem Leibe, damit hat er ſo
auf mich losgeſchlagen, daß ich beinah' todt wär' liegen geblieben."
— „Siehſt du," ſprach der Fuchs, „was du für ein Prahlhans
biſt!"

Grimm.

93. Die Stufenleiter.

Ein Sperling fing auf einem Ast die fett'ste Fliege. Weder
Sträuben, noch Jammern half, sie ward gefasst. "Ach!" rief
sie flehend, "lass mich leben!" — "Nein!" sprach der Mörder, "du bist mein, denn ich bin gross und du bist klein!"
Ein Sperber fand ihn bei dem Schmaus; so leicht wird kaum
ein Floh gefangen als Junker Spatz. "Gib," rief er aus,
"mich frei! Was hab' ich denn begangen?" — "Nein,"
sprach der Mörder, "du bist mein, denn ich bin gross und du
bist klein!" Ein Adler sah den Gauch und schoss auf ihn
herab und riss den Rücken ihm auf. "Herr König, lass mich
loss!" rief er, "du hackst mich ja in Stücke!" — "Nein!"
sprach der Mörder, "du bist mein, denn ich bin gross und
du bist klein!" Er schmaus'te noch, da kam im Nu ein
Pfeil ihm in die Brust geflogen. "Tyrann!" rief er dem
Jäger zu, "warum ermordet mich dein Bogen?" — "Ei,"
sprach der Mörder, "du bist mein, denn ich bin gross und du
bist klein!"

PFEFFEL.

94. Gefährliches Spiel mit Bohnen.

In einem Dorfe im Odenwalde war einem zwölfjährigen Mäd=
chen ſein kleines Schweſterchen zur Aufſicht übergeben worden, weil
die Aeltern an der Arbeit waren. Gretchen, ſo hieß die ältere der
beiden Schweſtern, ſtrickte und bekümmerte ſich wenig um die Kleine,
weil ſie ſah, daß ſie mit Bohnen ruhig ſpielte. Sie dachte nicht,
daß dabei ein Unglück geſchehen könnte. Allein das Kind hatte, wie
die meiſten Kinder, die üble Gewohnheit, Alles, was es in die Hand
bekam, in den Mund zu ſtecken, und ſo ſteckte es auch jetzt die Boh=
nen in den Mund, endlich auch eine in die Naſe. Die Bohne ging
hinein, aber unglücklicherweiſe nicht wieder heraus, und durch das
Athmen zog ſie ſich ſehr ſchnell in die Höhe. Nun erhob die Kleine
ein Zetergeſchrei. Gretchen ſprang herbei, war aber zu unverſtän=
dig, um gleich zu vermuthen, was geſchehen war, und die Kleine
ſchrie immer ärger, ohne zu ſagen, was ihr wäre. Dadurch zog
ſich nun die Bohne immer noch höher hinauf, und die hinzudrin=
gende Feuchtigkeit machte, daß ſie immer feſter ſaß. Als Gretchen

ihr Schwesterchen immer ängstlicher schreien sah, so wurde ihr
bange, und sie schrie nun selbst um Hülfe. Da kamen Nachbarn
herbeigelaufen, die erkannten wohl, daß das Kind eine Bohne in
der Nase stecken habe, aber wie sie herauszubringen sei, das wußten
sie nicht. Denn ihre Versuche, dieselbe mit einer Stricknadel oder
einem Hölzchen herauszubohren, verursachten nur Schmerzen, und
drückten sie noch höher in die Nase. Endlich kamen auch die Aeltern.
Die Mutter weinte, der Vater schalt, daß Gretchen nicht besser
Acht gegeben habe; aber die Bohne blieb stecken und quoll durch die
Feuchtigkeit in der Nase auf, so daß das Kind auch durch das an=
dere Nasenloch kaum noch athmen konnte. Da erst kamen die Leute
auf den Gedanken, einen Wundarzt aus der Stadt herbeizuholen.
Als dieser endlich ankam, sagte er: „Hättet ihr gleich das Kind
zum Niessen gebracht, so wäre die Bohne von selbst herausgefahren,
hättet ihr mich früher gerufen, so hätte ich mit einem Zängelchen
die Bohne herausgeholt; jetzt aber, wo Alles verschwollen ist, muß
ich schneiden.“ Die Mutter wollte es nicht leiden; als sie aber sah
daß keine andere Hülfe möglich war, gab sie nach, und der Wund=
arzt machte nun einen tiefen Schnitt in die Nase, wodurch er die
Bohne herausholte. Allein die Schmerzen, die das Kind ausstehen
mußte, waren unerträglich, und die Narbe im Gesichte blieb sein
Leben lang.

Curtmann.

95. Das Kind mit der Scheere.

„Kind,“ hob die Mutter an, „Eins mußt du mir versprechen:
Das Messer und die Gabel stechen, D'rum rühre keins von Beiden
an.“ „Allein die Scheere, soll't ich glauben, Die könnten Sie mir
wohl erlauben?“ —„Nichts weniger! was dich verletzen kann,
Sieh' niemals als ein Spielzeug an.“

Das Kind gehorcht; doch ein geheimer Trieb und das Verbot
verschönerten die Scheere. „Ja,“ spricht es zu sich selbst, „wenn es
die Gabel wäre, Die hab ich lange nicht so lieb, — So ließ ich sie
mit Freuden liegen; Allein die Scheer' ist mein Vergnügen, Sie
hat ein gar zu schönes Band.“

„Gesetzt, ich ritzte mich ein wenig in die Hand, So hätte das
nicht viel zu sagen. So klein ich bin, so hab' ich ja Verstand. Und
also werd' ich's immer wagen, Sobald die Mutter nur die Augen
weggewandt. Doch nein, weil Kinder folgen müssen, So wär' es ja
nicht recht gethan. Nein, nein! ich sehe dich blos an.“

„O, schöne Scheere, laß dich küssen! Ich rühre ja kein Messer
an, So werd' ich doch . . . .“ — Schon griff es nach der Scheere —
„Ja, wenn ich unvorsichtig wäre, Dann freilich schnitte mich die
Scheere, Allein ich bin ja schon mit ihr bekannt.“ So sprach's —
und schnitt sich in die Hand.

Gellert.

96. Reis und Stroh.

Eine arme Wittwe und ihre zwei Söhne kehrten eines Abends aus dem nahen Weidengebüsche, wo sie Reisholz gesammelt hatten, zurück in ihr Dorf. Die Mutter trug einen grossen und jeder der beiden Söhne einen kleinen Büschel Weidenreiser auf dem Kopfe, die mit einem Strohbande zusammen gebunden waren.

Unterwegs begegnete ihnen ein reicher Kaufmann aus der Stadt und sie baten ihn um ein Almosen. Der reiche Kaufmann sagte aber zur Wittwe: "Ihr braucht nicht zu betteln. Uebergebt die zwei Knaben mir; da sollen sie lernen, aus Reis und Stroh Gold zu machen." Die Mutter hielt das für Scherz; allein der Kaufmann versicherte, es sei wirklich sein Ernst. Sie willigte endlich ein und der Kaufmann liess den einen Sohn das Korbmachen und den andern das Strohflechten lernen.

Des Abends liess der Kaufmann die Knaben zu sich kommen, und sein zwölfjähriger Sohn musste dieselben dann im Lesen, Schreiben und Rechnen unterrichten.

Nach drei Jahren kamen sie in die arme Hütte ihrer Mutter zurück, verfertigten unermüdet die schönsten Körbe und die feinsten Strohhüte und überlieferten die Waaren dem Kaufmanne. Eines Tages nun trat der Kaufmann in ihre Stube, bezahlte die erhaltenen Arbeiten in lauter Dukaten und sprach lächelnd zur Mutter: "Nicht wahr, ich habe Wort gehalten?"

Die Söhne blieben immer fleissig und sparsam und es ging ihnen recht gut.

Die Jugend ist des Lernen's Zeit,
Wer sie nicht treu dem Fleisse weih't —
Sie fliehen lässt — wird es bereu'n,
Zum Wirken niemals tüchtig sein.

97. Rathe!

Wie heisst das Thierchen? Es ist klein und hat zwei Flügel zart und fein; dort fliegt es zu der Blume hin; Jetzt sitzt's schon in dem Kelche d'rin. Es holt viel Süsses sich heraus und trägt es in sein kleines Haus. Sein Haus — das ist ein Wunderbau, kein Künstler macht es so genau. Ein Kämmerlein am andern liegt, gar fein und fest zusammengefügt. Wer hat's dem Thierchen so gesagt? Es hat doch Keinen je gefragt. Seht, wieder kommt es, will nicht ruh'n, nur immer seine Arbeit thun. Wie ist's so emsig! — Ist's auch klein, kann es doch euer Lehrer sein.

98. Das Töpfchen.

Das Töpfchen stand in der Küche und sah so neu und so rein aus, daß man seine Freude daran hatte. Da kam das Kind, faßte es an und wollte damit spielen. Das schöne Töpfchen aber sagte: „O mache mich nicht schmutzig; man wird gleich so häßlich, wenn man nicht rein ist, und wenn ich nicht blinke und glänze, wird mich Niemand haben wollen." Das Kind lachte darüber und sagte: „Du bist ja gar zu empfindlich; es wird dir nichts schaden, wenn ich ein wenig mit dir spiele." Aber es war gar nicht vorsichtig, sondern stellte das Töpfchen in die Asche und an den Rauch, und griff es mit unreinen Händen an, so daß die Schönheit dahin war. Da klagte das Töpfchen der Magd, daß das Kind es so schmutzig gemacht habe und daß es nun so häßlich dastehen sollte; die hatte Mitleiden und reinigte es wieder, machte es blank und stellte es wieder an seinen Platz.

Bald aber kam das Kind wieder und faßte das schöne Töpfchen an, um damit zu spielen. Da sagte das Töpfchen: „O laß mich stehen, daß du mich nicht zerbrichst, denn die Scherben sind nicht schön, und wenn ein Töpfchen einmal zerbrochen ist, so kann Niemand es wieder machen und man tritt mit Füßen auf den Scherben herum." Das Kind aber ließ sich nicht bewegen, sondern folgte seinem Eigensinne und spielte immer wilder und leichtsinniger. Da fiel das schöne Töpfchen auf die Erde und zerbrach in lauter Scherben. Nun war es dem Kinde doch leid, daß es das arme Töpfchen zerbrochen hatte, und es las die Scherben zusammen und wollte sie wieder leimen lassen, aber es war Niemand, der das konnte, und das zerbrochene Töpfchen war und blieb entzwei. Als nun aber die Mutter hörte, wie die Sache zugegangen war, sprach sie: „Du meinst, ich sollte dir ein neues Töpfchen kaufen; das werde ich aber nicht thun. Wer seine Sachen nicht schont, sondern Alles zerstört, der verdient, nichts Schönes und Neues zu haben. Du magst nun mit den Scherben spielen."

99. Vom Mäuslein.

Die Köchin spricht zum Koch: „Fang mir das Mäuslein doch! Es ist nichts sicher in Küch' und Keller, weder in der Schüssel, noch auf dem Teller. Wo was liegt, da frißt es; wo was riecht, da ist es; wo ein Braten dampft, kommt das Mäuslein und mampft. In den Küchenbehälter hat es gebissen ein Loch. Koch, fang' mir das Mäuslein doch und jag' es wieder auf die Felder oder in die Wälder."

Da macht der Koch ein Gesicht und spricht: „Mäuslein, Mäuslein, bleib in deinem Häuslein! Nimm dich in Acht heut' Nacht, mach' auch kein Geräusch und stiehl nicht mehr das Fleisch, sonst

wirſt du gefangen und aufgehangen.“ Der Koch aber deckt zu alle
Schüſſeln und ſtellt auf die Falle hinten im Eck und thut hinein
den Speck, ſperrt die Küche zu, geht und legt ſich zur Ruh.

Das Mäuslein aber iſt ruhig und ſpricht: „Was er ſagt, thu’
ich!“ Aber es hat nicht lange gedauert, ſo kommt ſchon das Mäuslein und lauert und ſpricht: „Wie riecht der Speck ſo gut, wer weiß,
ob’s was thut? Nur ein wenig möcht’ ich beißen, nur ein wenig
möcht’ ich ſpeiſen. Einmal iſt keinmal!“ So ſpricht ſein Mäuschen und ſchleicht, bis es die Falle erreicht. Duckt ſich und bückt
ſich, ſchmiegt ſich und biegt ſich, ringelt das Schwänzlein wie ein
Kränzlein, ſetzt ſich in’s Eck und ergötzt ſich am Speck. Reißt,
beißt und ſpeiſt. Patſch! thut’s einen Knall, und — — — zu iſt
die Fall’! Das Mäuslein zittert vor Schrecken und möcht’ ſich
verſtecken. Aber, wo es will hinaus, iſt zugeſperrt das Haus. Es
pfeift und zappelt, es kneift und krappelt. Ueberall iſt ein Gitter,
und das iſt bitter, überall iſt ein Draht, und das iſt Schad’. Leider, leider kann’s Mäuslein nimmer weiter. Wär’s nur geweſen
geſcheuter!

Unterdeſſen wird es Morgen, da kommt die Köchin und will
beſorgen den Kaffee und den Thee. Da ſieht ſie, was vorgegangen, und wie das Mäuslein iſt gefangen. Ganz ſacht ſchleicht ſie
hin und lacht: „Haben wir endlich erhaſcht das Mäuslein, das immer genaſcht? Siehſt du: Einmal iſt keinmal. Wärſt du geblieben in deinem Loch, gefangen hätte dich nicht der Koch!“

100. Das aufrichtige Kind.

Auf einem grünen Platze spielten einst einige Kinder mit
ihren Bällen. Mitten in der Freude flog ein Ball in das Fenster eines nahe gelegenen Hauses und zerschlug eine Scheibe.
Voller Bestürzung liefen die Kinder davon bis auf Christian.
Dieser war ein armer Junge und derjenige, welcher den Schaden eigentlich angerichtet hatte. Der Herr des Hauses kam
ziemlich aufgebracht heraus. Christian ging zu ihm und bekannte ihm, dass er es gethan hätte. "Vergeben Sie es mir,"
setzte er hinzu, "ich will künftig vorsichtiger sein." "Ja,
ich vergebe dir," sagte der Mann, "weil du deinen Fehler so
aufrichtig gestehst." Er nahm ihn mit in sein Haus und gab
ihm den Ball wieder. Da er auch sonst noch gute Eigenschaften an ihm entdeckte, so gewann er ihn lieb und erzeigte
ihm in der Folge noch manches Gute.

101. Der Lügner.

Ein böſer Bub’ ſtellt ſich oft lahm
Und rief, er hätt’ ein Bein gebrochen;

Doch wenn ihm der zu Hülfe kam,
Den er um Beistand angesprochen,
So war der Dank alsdann, er wies
Die Zähne dem, der sich betrügen ließ.
Dies Spiel hatt' er schon oft getrieben,
Bis er ein Bein einst wirklich brach
Und jammernd auf der Straße lag.
Da weint' er: „Helft mir doch, ihr Lieben,
Ich schwör's bei jenem Sonnenlicht,
Ich spaße diesmal wirklich nicht.
Wo ist eu'r Mitleid denn geblieben?
So helft mir doch, mir armen Mann
Und laßt mich nicht so lange liegen!"
Doch jeder Nachbar spricht, so laut er kann
„Such' einen Andern zu betrügen!"

So kommt der Lügner meistens an:
Man glaubet ihm selbst dann auch nicht,
Wenn er einmal die Wahrheit spricht!

102. Die kleinen Diebe.

Klausens Kinder hatten bemerkt, daß in dem Garten des Nach=
bars Ehrmann zwei Birnbäume standen, welche herrliche Früchte
trugen. Sie kamen auf den Gedanken, über den Zaun zu steigen
und sich einige Birnen zu holen. Sie thaten es. Der Nachbar
aber merkte bald, daß er bestohlen wurde, weil der Birnen auf dem
Baume immer weniger wurden, und versteckte sich eines Abends, als
es dunkel wurde, im Garten, um den Dieb zu ertappen. Es
dauerte auch nicht lange, so sah er Klausens Kinder über den Zaun
steigen. Scheu und ängstlich sahen sie sich um, und als sie keinen
Menschen im Garten erblickten, liefen sie eilig nach den Birnbäumen
hin. Eben wollten sie mit ihrer Beute davon gehen, als ihnen
Herr Ehrmann in den Weg trat. Wie beschämt und erschrocken
standen nun die kleinen Diebe da; wie flehend baten sie Herrn Ehr=
mann, daß er ihnen doch die schlechte Handlung vergeben und sie
nicht bei ihrem Vater verklagen möchte. Herr Ehrmann ließ sich
erbitten, weil sie ihm versprachen, daß sie nimmer wieder Anderer
Eigenthum wegnehmen wollten. Aber die bösen Buben hielten
nicht Wort, denn nach einigen Wochen fand Herr Ehrmann alle
seine reifen Weintrauben abgerissen. Nun ging er zu seinem Nach=
bar und bat ihn, seine Kinder wegen ihrer wiederholten Diebereien
zu bestrafen. Aber diese leugneten hartnäckig, daß sie Obst ge=
stohlen hätten und der Vater glaubte ihnen. Herr Ehrmann ging
seufzend fort, sagte aber beim Weggehen: „Kinder, euch wird es
einmal in der Welt nicht wohlgehen! denkt an mich!" Diese Vor=
hersagung ging auch wirklich in Erfüllung. Die kleinen Diebe

blieben bei ihrer schändlichen Gesinnung, wurden Betrüger und nahmen ein trauriges Ende!

103. Ehrlichkeit.

Ehrlich denken, ehrlich leben,
Das ist meine grösste Pflicht;
Ehrlichkeit kann Ehre geben,
Und der grösste Reichthum nicht.

Eine Stirn, die frei und offen,
Dass sie Jeder sehen kann,
Lässt gewiss viel Gutes hoffen,
Zeigt oft gleich den braven Mann.

Werd' ich auch nicht reich auf Erden,
O, wie wenig liegt daran!
Im Gewissen reich zu werden,
Sei ich ein rechtschaff'ner Mann!

Wenn ich diesen Titel habe,
Welch' ein schönes Lobgedicht!
Dann, dann sprech' ich noch am Grabe:
"Mein Gewissen beisst mich nicht!"

104. Die gute Tochter.

Wilhelm war sehr krank. Seine gute Mutter hatte schon drei Nächte hintereinander an seinem Bette gewacht. Marie, seine zwölfjährige Schwester, fürchtete, die liebe Mutter möchte von dem vielen Nachtwachen endlich auch krank werden. Sie bat daher die Mutter, ihr zu erlauben, daß sie die vierte Nacht bei dem kranken Wilhelm wachen dürfte. Aber die sorgfältige Mutter wollte dies nicht zugeben, denn sie befürchtete, Marie möchte einschlafen und Wilhelm dann ohne Hülfe sein; auch war Marie selbst sehr schwäch= lich. Nun wurde es Abend und die abgemattete Mutter mußte sich doch endlich auf's Bett legen, weil ihr vor Schwäche die Augen zu= fielen. Marie hatte sich zwar auf Befehl ihrer Mutter auch auf's Bett gelegt, aber aus Liebe und Besorgniß konnte sie nicht ein= schlafen. Als sie merkte, daß die Mutter fest schlief, stand sie leise auf, nahm ihr Strickzeug und setzte sich an das Bette ihres kranken Bruders. Sie gab nun genau Acht auf ihn und sobald er sich be= wegte, war sie bei der Hand, um sich zu erkundigen, was er verlan= ge. So that sie bis zum Morgen und hatte dann die große Freude, ihrer Mutter eine ruhige Nacht verschafft zu haben.

Ehre Vater und Mutter, auf daß es dir wohlgehe!

105. Der Schmetterling und die Biene.

Es war einmal ein hübsches Ding
Von Farben und Gestalt,
Ein kleiner, bunter Schmetterling,
Erst wenig Stunden alt.

Sein ausgeschweiftes Flügelpaar
War purpurroth und blau,
Gesäumt war es mit Golde gar,
Und er trug's recht zur Schau.

Zu allen Blumen flog er hin
Und rief (wie's Märchen spricht)
Den Andern zu: "Wie hübsch bin ich!
Bewundert ihr mich nicht?

Gewiss kein Vogel ist so schön,
So liebenswerth, wie ich;
Sagt, habt ihr einen je geseh'n,
So ausgeputzt, wie mich?"

Hier traf nun auch von ungefähr
Der kleine, bunte Mann,
Im Klee, von süsser Bürde schwer,
Ein munt'res Bienchen an.

"Weg, Biene!" schrie er, "packe dich!
Wie hässlich sieh'st du aus!" —
"Thor," sprach sie lächelnd, "kennst du mich?
Komm erst und sieh mein Haus!"

Geschicklichkeit ist wahre Zier,
Und Güte nur gefällt!
Allein dein Putz, was nützt er dir?
Was nützt er wohl der Welt?

WEISSE.

106. Der Weihnachtsabend.

Eines Tages, kurz vor dem Weihnachtsabende, plauderte die kleine Karoline mit Minchen. Karolinens Aeltern waren reiche Leute, die viel Geld, ein schönes Haus und Wagen und Pferde besaßen; Minchens Eltern aber waren arm und wohnten in einer kleinen Hütte.

„Minchen," sagte Karoline, „morgen ist Weihnachten, und da bringt mir der Weihnachtsmann viele, viele wunderschöne Sachen,

Kleider und Hüte und Spielzeug eine ganze Menge. Weißt du denn, was er dir bringen wird?"

„Ach, mir wird er wohl nichts schenken," sagte Minchen traurig; mein Vater ist arm und hat kein Geld, also kann er mir keine Freude machen. Wenn du und andere Kinder um den Weihnachts= baum herumtanzen, auf dem so viele Lichter brennen, dann muß ich zu Hause in der dunkeln Stube sitzen und habe Nichts, worüber ich mich freuen könnte."

Minchen sah so traurig aus, daß Karoline recht Mitleiden mit ihr hatte und sich heimlich vornahm, ihr eine Freude zu machen, Denn Minchen war immer gut und freundlich und hatte Karoline lieb.

Als nun der Weihnachtsabend kam, wurde Karoline von ihren Aeltern reich beschenkt. Sie jubelte und tanzte und freute sich, aber in ihrer Freude dachte sie doch an Minchen, die jetzt zu Hause ge= wiß recht betrübt war. Sie fiel ihrer Mutter um den Hals und sagte: „Liebes Mütterchen, du hast mir heute so viele schöne Sa= chen geschenkt, mehr als ich verdiene. Ich danke dir herzlich dafür. Aber nun habe ich noch eine große Bitte. Minchen sagte mir gestern, ihr Vater wäre so arm und könne ihr nichts geben; erlaubst du mir wohl, daß ich ihr von meinen vielen Geschenken Etwas hin= übertrage, damit sie sich auch ein wenig freuen kann?"

„Gern, recht von Herzen gern, erlaube ich es dir," sagte die Mutter und küßte das gute Kind. „Suche dir aus, was du willst, und schenke es Minchen."

Da nahm Karoline ein wunderhübsches Kleidchen und eine nied= liche Mütze, legte Beides in einen Korb, that noch Nüsse, Aepfel und Honigkuchen dazu und trug es selber Minchen hin. Ach, da hät= tet ihr die Freude sehen sollen, die Minchen hatte! Sie war ganz unbeschreiblich. Karoline aber ging fröhlichen Herzens nach Hause und war lange nicht so glücklich gewesen, wie heute.

107. Hedchen.

Das sanfte Hedchen wollte nicht nach Fritzens wilder Art die Knabenspiele spielen. Er bittet; — nichts. Er zürnt; — sie will nicht hören. Da hob er seinen Stab, auf dem er ritt, halb scherzend, halb drohend empor, und ach! der schwere Stab fiel, fiel auf Hed= chens Kopf. Das arme Kind erfüllte die Luft mit seinem Klagge= schrei, es warf vor Schmerz sich auf die Erde nieder. Und Fritz er= schrak; er hob mit an zu weinen und bat sie kläglich, aufzustehen. Sie weint und steht auf. — „Ach, liebe Schwester, da, nimm mei= nen Stock und schlage mich zweimal wieder; ich halt' es aus, ich hab' es wohl verdient. Steh' auf!" — „Nein, Fritz! Der Schlag that gar zu weh," versetzt das edle Kind, ich kann dich so nicht schlagen!"

108. Der Pilger.

In einem schönen Schlosse, von dem längst kein Stein auf
dem andern geblieben ist, lebte einst ein sehr reicher Ritter.
Er verwendete sehr viel Geld darauf, sein Schloss recht prächtig auszuzieren; den Armen aber that er wenig Gutes.

Da kam nun einmal ein armer Pilger in das Schloss und
bat um Nachtherberge. Der Ritter wies ihn aber trotzig ab
und sprach: "Dies Schloss ist kein Gasthaus!" Der Pilger
sagte: "Erlaubt mir nur drei Fragen, so will ich weiter gehen."
Der Ritter sprach: "Auf diese Bedingung hin mögt ihr immer fragen. Ich will euch gern antworten."

Der Pilger fragte ihn nun: "Wer wohnte doch wohl vor
euch in diesem Schlosse?" — "Mein Vater!" sprach der
Ritter. — Der Pilger fragte weiter: "Wer wohnte vor eurem
Vater hier?" "Mein Grossvater!" antwortete der Ritter.
"Und wer wird wohl nach euch darin wohnen?" fragte der
Pilger weiter. Der Ritter sagte: "So Gott will, mein Sohn."

"Nun," sprach der Pilger, "wenn Jeder nur eine Zeit in
diesem Schlosse wohnt, und immer Einer dem Andern Platz
macht — was seid ihr denn anders hier, als Gäste? Dieses
Schloss ist also wirklich ein Gasthaus. Verwendet daher
nicht so Viel, dieses Haus prächtig auszuschmücken, das
euch nur kurze Zeit beherbergt. Thut lieber den Armen
Gutes, so bauet ihr euch eine bleibende Wohnung im Himmel." Der Ritter nahm die Worte zu Herzen, behielt den
Pilger über Nacht und wurde von dieser Zeit an wohlthätiger
gegen die Armen.

109. Die Wohlthat.

Wie rühmlich ist's, von seinen Schätzen
Ein Pfleger der Bedrängten sein!
Und lieber minder sich ergötzen,
Als arme Brüder nicht erfreu'n.

Beaten fiel heut' ein Vermögen
Von Tonnen Gold's durch Erbschaft zu.
Nun, sprach sie, hab' ich einen Segen,
Von dem ich Armen Gutes thu'.

Sie sprach's. Gleich schlich zu seinem Glücke
Ein siecher Alter vor ihr Haus,
Und bat, gekrümmt auf seiner Krücke,
Sich eine kleine Wohlthat aus.

Sie ward durchdrungen von Erbarmen,
Und fühlte recht des Armen Noth.
Sie weinte, ging und gab dem Armen
Ein großes Stück — verschimmelt Brod.

Gellert.

110. Der große Birnbaum.

Der alte Ruprecht saß vor seinem Hause unter dem großen Birn=
baume. Seine Enkel aßen von den süßen Birnen und horchten auf
Ruprechts Worte. Ruprecht erzählte: „Vor fünfzig Jahren war
hier ein leerer Raum. Wo jetzt der Baum steht, stand ich damals
und klagte dem reichen Nachbar meine Armuth. Ach, sagte ich,
wenn ich nur 100 Thaler erwerben könnte.

Der Nachbar sagte: Da, wo du stehst, stecken mehr als 100
Thaler im Boden. In der folgenden Nacht grub ich an der Stelle
tief in die Erde, aber ich fand keinen Thaler. Der Nachbar lachte,
als er die Grube sah. „So war es nicht gemeint. Aber ich will
dir ein Birnbäumchen schenken, das setze in die Grube, und die Tha=
ler werden schon kommen. Und sie sind gekommen."

Auf schlechtem Raum pflanz' einen Baum und pflege sein, er
trägt dir's ein. — Im Lenz ergötzt er dich, im Sommer kühlt er
dich, im Herbst ernährt er dich, im Winter wärmt er dich.

111. Der Apfelbaum.

Herr Apfelbaum, dich lieb' ich recht,
Du bist ein alter, treuer Knecht;
Zu dir komm' ich manch' Jahr schon her,
Und nie sind deine Taschen leer;
D'rum sag ich's frei, dich lieb' ich recht,
Du bist ein alter, treuer Knecht.

Mehr trägst du, als der stärkste Mann,
Die Schultern voll bis oben an,
Und jede Hand noch schwer bepackt,
So dass dir Arm und Rücken knackt:
D'rum sag ich's frei, dich lieb' ich recht,
Du bist ein alter, treuer Knecht.

Es kommt dein Herr, von Ast zu Ast
Nimmt er dir ab die schwere Last;
Er trägt sie heim nach Fach und Schrank
Und sagt dir nicht ein Wörtchen Dank;
Du aber meinst: "Wer nützt und nährt,
Nicht erst in Worten Dank begehrt!"

112. Die Blume.

Es war ein angenehmer Frühlingstag, und Karl und Luischen sollten mit ihrem Vater nach einem schönen Garten gehen. Indeß der Vater in einer Nebenkammer sich ankleidete, blieben beide Kinder in seinem Zimmer. Karl, über den bevorstehenden Spaziergang sehr erfreut, hüpfte lustig herum und schlug unvorsichtig eine kleine schöne Blume ab, die der Vater in einem Topfe gezogen hatte. „O Schade,“ sagte Luischen und hob die Blume auf. Sie hatte sie noch in der Hand, als eben der Vater in's Zimmer trat. „Was hast du gemacht, Luischen?“ fragte der Vater mit etwas unwilligem Gesicht, „mir die Blume abzureißen, von der du wußtest, daß ich sie so gern erhalten hätte, um Samen daraus zu ziehen!“ — „O, lieber Vater,“ stotterte Luischen, indem sie ihn bei der Hand faßte, „sei nur nicht böse!“ — „Böse?“ antwortete der Vater, „das bin ich nicht; aber da es dir in dem Garten, der nicht unser ist, auch wohl einfallen könnte, Blumen abzureißen, so darf ich dich nicht mitnehmen.“ — Luischen schlug die Augen nieder und schwieg. Karl aber konnte sich nicht länger halten; mit Thränen in den Augen trat er vor den Vater hin und sagte: „Nicht Schwester Luischen, lieber Vater, ich war es, der die Blume abschlug; ich muß also zu Hause bleiben und Luischen kann mit dir gehen.“

Der Vater, gerührt durch die Liebe seiner Kinder, schloß sie in die Arme, küßte sie und sprach: „Ihr seid Beide meine lieben Kinder und sollt Beide mit mir gehen. Die Blume würde mir lange nicht so viele Freude gemacht haben, als mir die Hoffnung macht, daß ihr euch immer lieben und Beide zu guten Menschen erwachsen werdet. — Und nun hüpften sie Beide vergnügt an seiner Seite zum Garten.

113. Der Kirschbaum.

Wie prangt der Kirschbaum hoch und schön und neigt die vollen Aeste! Er scheint uns freundlich anzseh'n als seine lieben Gäste. Wie glänzt und schwanket voll und rund die Kirsch' an allen Zweigen, als wollte sie zu unserm Mund von selbst herab sich neigen! Seht ihre Bäckchen, roth und schön, versteckt im Laube blinken, und, wenn die Sommerlüftchen weh'n, vom Baum' uns freundlich winken. Wir aber steh'n umher im Kreis mit freudevollen Blicken; hernieder schwebt das volle Reis, wir jauchzen, haschen, pflücken! Wie lieblich, o wie kühl und frisch zerschmilzt die Kirsch' im Munde. Dank dir, o Gott, du deckst den Tisch uns stets zur rechten Stunde! Du gibst so gern und weißt so schön zu rechter Zeit zu geben! Bevor des Herbstes Stürme weh'n, erfreu'n uns Most und Reben.

Krummacher.

114. Die vier Jahreszeiten.

"Ach, wenn's doch immer Winter bliebe!" sagte Ernst, als er einen Mann von Schnee gemacht hatte und im Schlitten gefahren war.

Sein Vater sagte, er möchte diesen Wunsch in seine Schreibtafel schreiben, und er that's. —

Der Winter verging; es kam der Frühling. — Ernst stand mit seinem Vater bei einem Blumenbeete, auf welchem Hyazinthen, Aurikeln und Narzissen blüheten, und war vor Freuden ganz ausser sich. "Das ist eine Freude des Frühlings," sagte sein Vater, "und wird bald wieder vergehen."

"Ach," antwortete Ernst, "wenn's doch immer Frühling wäre!" — "Schreib' diesen Wunsch in deine Schreibtafel," sagte sein Vater, und er that's. — Der Frühling verging — es kam der Sommer.

Ernst ging mit seinen Aeltern und seinen Gespielen an einem warmen Sommertage nach dem nächsten Dorfe, und sie blieben daselbst den ganzen Tag. Rund um sich her sahen sie grüne Saaten und Wiesen mit tausendfältigen Blumen geziert, und Auen, auf welchen junge Lämmer tanzten und muthwillige Füllen ihre Sprünge machten.

Sie assen Kirschen und anderes Sommerobst, und liessen sich's den ganzen Tag recht wohl sein.

"Nicht wahr," fragte der Vater beim Zurückgehen, "der Sommer hat doch auch seine Freuden?"

"O," antwortete Ernst, "ich wollte, dass es immer Sommer wäre!" Er musste auch dieses in seine Schreibtafel schreiben.

Endlich kam der Herbst. Die ganze Familie brachte einige Tage im Weinberge zu.

Es war nicht mehr so heiss, als im Sommer; aber die Luft war sanft und der Himmel heiter. Die Weinstöcke waren mit reifen Trauben behangen und die Zweige der Bäume von reifen Früchten niedergebeugt.

Das war erst ein Fest für unsern Ernst, der nichts lieber ass, als Obst. "Die schöne Zeit," sagte sein Vater, "wird bald vorüber sein; der Winter ist schon vor der Thüre, um den Herbst zu vertreiben." "Ach," sagte Ernst, "ich wollte, dass er wegbliebe, und dass es immer Herbst wäre!" —

"Wolltest du das wirklich?" sagte sein Vater. "Wirklich," war seine Antwort. "Aber," fuhr sein Vater fort, indem er die Schreibtafel aus der Tasche zog, "sieh doch einmal, was hier geschrieben steht; lies doch! 'Ich wollte, dass es immer Winter wäre!' Und nun lies einmal auf dieser Seite; was steht denn da? 'Ich wollte, dass es immer Frühling wäre!'

Und was auf dieser Seite hier? 'Ich wollte, dass es immer
Sommer wäre!' Kennst du," fuhr er fort, "die Hand, die
dieses geschrieben hat?"

"Das habe ich geschrieben," antwortete Ernst.

"Und was wünschest du jetzt eben?"

"Ich wünschte, dass es immer Herbst sein möchte."

"Das ist doch sonderbar genug," sagte der Vater. "Im
Winter wünschest du, dass es immer Winter, im Frühling,
dass es immer Frühling, im Sommer, dass es immer Sommer
und im Herbste, dass es immer Herbst sein möchte. Denk'
einmal nach, was folgt wohl daraus?"

"Dass alle Jahreszeiten gut sind." "Ja, dass sie alle reich
an Freuden, reich an mannigfaltigen Gaben sind, und dass
der liebe, grosse Gott viel besser, als wir armen Menschen,
sich auf das Weltregieren verstehen muss. Hätt' es vorigen
Winter von dir abgehangen, so würden wir keinen Frühling,
keinen Sommer, keinen Herbst gehabt haben. Du hättest
die Erde mit ewigem Schnee bedeckt, um nur Schlitten fahren
und Schneemänner machen zu können. Und wie viele andere Freuden hätten wir dann entbehren müssen! Wohl
uns, dass es nicht auf uns ankommt, wie es in der Welt sein
soll; wie bald würden wir sie verschlimmern, wenn wir könnten!"

115. Die Jahreszeiten.

Wie schön ist der Wechsel der Zeiten,
O Freunde, im wandelnden Jahr!
Welch' herrliche Freuden bereiten
Und bringen dem Menschen sie dar!

Der Frühling schenkt Wonne und Leben
Der wieder erwachten Natur;
Dann blühen die Bäume und Reben,
Die Saaten, die Wiesen, die Flur.

Der Sommer mit heißeren Tagen
Reift, was uns der Frühling gebar,
Und bringt, wenn ermattet wir klagen,
Sanft kühlende Früchte uns dar.

Den letzten erfreulichen Segen
Gewährt uns die herbstliche Zeit;
Dann reift uns die Traube entgegen,
Das Herz zu erquicken bereit.

Und schüttet vom kalten Gefieder
Der Winter uns Schnee auf die Flur;
So schlägt uns sein Stürmen nicht nieder,
Sein Eislauf ergötzet uns nur.

D'rum lieb' ich den Wechsel der Zeiten,
O Freunde, im wandelnden Jahr;
Denn herrliche Freuden bereiten
Und bringen dem Menschen sie dar!

Lieberkühn.

116. Die redlichen Schwyzer.

Im Kanton Schwyz im Lande Schweiz kam eines Abends der Bauer Velten zum Bauer Kaspar, der auf seinem Felde arbeitete, und sagte: „Nachbar, jetzt ist die Heuernte und du weißt, daß wir einen Streit wegen der Wiese haben. Ich habe die Richter in Schwyz zusammenrufen lassen, weil wir Beide nicht gelehrt genug sind, um zu wissen, wer von uns Beiden Recht hat. Komm also morgen mit mir vor Gericht!" — „Du siehst, Nachbar, daß ich die Wiese gemäht habe, und morgen muß ich, weil jetzt gutes Wetter ist, das Heu in Haufen bringen, ich kann also unmöglich mitgehen." — „Und ich kann die Richter nicht wieder gehen lassen, da sie diesen Tag gewählt haben; auch darf das Heu nicht eher weggeholt werden, bis wir wissen, wem die Wiese gehört." — Nach einigem Besinnen sagte Kaspar: „Weißt du, wie wir es machen wollen? Gehe morgen nach Schwyz und sage den Richtern deine und meine Gründe, so brauch' ich ja nicht dabei zu sein." — „Wenn du das Zutrauen zu mir hast, so kannst du dich darauf verlassen, daß ich für dein Recht reden will, wie für mein eigenes." — Nach dieser Abrede ging Velten den folgenden Tag nach Schwyz und trug seine und Kaspars Gründe vor, so gut er konnte. Am Abende kam er wieder zu Kaspar und sagte: „Die Wiese ist dein, die Richter haben sie dir zugesprochen; ich wünsche dir Glück und bin froh, daß wir nun auf's Reine gekommen sind."

117. Der Fischer.

Saß ein Fischer an dem Bach',
Wollte Fischlein fangen;
Doch es blieb den ganzen Tag
Leer die Angel hangen.

Endlich zuckt' es und er sah
Fischlein zappelnd schweben;
Goldenröthlich hing es da,
Fleht ihn um sein Leben.

Lieber Fischer, laß mich los,
Sprach's mit glatten Worten;
Laß mich in der Wellen Schoos,
Bis ich groß geworden.

„Fiſchlein, das kann nicht geſcheh'n
Hier hilft kein Beklagen;
Ließ ich dich jetzt wieder geh'n,
Möcht' ich zu viel wagen.“

Denke doch, wie klein ich bin,
Haſt ja kaum drei Biſſen;
Laß mich in die Fluth dahin,
Wirſt mich nicht vermiſſen.

„Weil du gar ſo niedlich biſt
Und ſo jung von Leben,
Sei dir eine kleine Friſt
Noch von mir gegeben.“

Fröhlich ſprang das Fiſchchen hin
In die Wellenkühle,
Trieb mit heiter'm, frohen Sinn
Seine luſt'gen Spiele.

Als ein Jahr vorüber war,
Dacht' es ſeiner Worte,
Stellte ſich dem Fiſcher dar
An dem alten Orte.

Doch der ſprach: „weil du ſo treu
An dem Wort gehangen,
Laß ich dich auf immer frei,
Will dich niemals fangen.“

Rammler.

118. Die Sonnenstrahlen.

Die Sonne war aufgegangen und stand mit ihrer schönen,
glänzenden Scheibe am Himmel. Da schickte sie ihre Strah-
len aus, um die Schläfer im ganzen Lande zu wecken. Da
kam ein Strahl zu der Lerche. Die schlüpfte aus ihrem Neste,
flog in die Luft hinauf und sang: "Liri liri li, schön ist's in
der Früh." Der zweite Strahl kam zu dem Häschen und
weckte es auf. Das rieb sich die Augen nicht lange, sondern
sprang aus dem Walde auf die Wiese und suchte sich zartes
Gras und saftige Kräuter zu seinem Frühstück. Und ein
dritter Strahl kam an das Hühnerhaus. Da rief der Hahn:
"Kikirikih," und die Hühner flogen von ihrer Stange herab
und gackerten in dem Hofe und suchten sich Futter und legten Eier in ihr Nest. Und ein vierter Strahl kam an den
Taubenschlag zu den Täubchen. Die riefen: "Rukediku, die

Thür ist noch zu." Und als die Thür aufgemacht war, da flogen sie alle in das Feld und liefen über den Erbsenacker und lasen sich die runden Körner auf. Und ein fünfter Strahl kam zu dem Bienchen; das kroch aus seinem Korbe hervor und wischte sich die Flügel ab und summte dann über die Blumen und den blühenden Baum hin und trug den Honig nach Hause. Da kam der letzte Strahl an das Bette des Faullenzers und wollte ihn wecken. Allein der stand nicht auf, sondern legte sich auf die andere Seite und schnarchte, während alle Anderen arbeiteten.

119. Die Blumenkönigin.

Schneeglöckchen fühlt den warmen Schein
Und denkt: es ist wohl an der Zeit,
Ich läute jetzt den Frühling ein;
Die Schwestern sind gewiß erfreut!
Es schüttelt sich den Schnee herunter
Und läutet Alles wach und munter.
Die Primel hebt ihr lauschend Ohr
Und ruft entzückt die Andern vor:
Aurikelchen, du mußt dich eilen
Und nicht so lang beim Putz verweilen!
Die Kleine kommt im sammt'nen Kleide
Und trägt auch Perlen als Geschmeide.
Sie äugelt freundlich Jeden an,
Ob man den Schmuck auch sehen kann. —
Stiefmütterchen nimmt als verwandt
Das junge Veilchen bei der Hand
Und sagt: Du sollst nun Düfte streuen,
Das wird die Königin erfreuen.
Da kommt die Tulipane schon,
Die Gräfin stellt sich an den Thron. —
Was hat das abermal'ge Läuten
In solcher Frühe zu bedeuten?
Es ist des Himmelschlüssels Klang;
Mir wird um einen Todten bang!
Ein Schmetterling ist wohl verschieden:
Du schöner Freund, so ruh' in Frieden!
Doch horch, welch fröhliches Gebimmel!
Es scheint ein Ton vom heitern Himmel!
Die Hyacinthe strengt sich an
Und läutet, was sie läuten kann.
Da strömt das Volk zu Wies' und Garten,
Es kann die Fürstin kaum erwarten;
Zum zweiten Mal tönt's silberfein,
Das wird das Maienglöckchen sein!

O seht! jetzt kommt die erste Dame
Der Fürstin, Lilie ist ihr Name!
In weißem Atlas schön geschmückt,
Ein Goldkreuz auf der Brust gestickt. —
Noch einmal summt mit mächt'gem Klange
Die Glockenblume lange, lange. —
Das war zum Dritten, will ich meinen,
Nun wird die Königin erscheinen! —
Und sie erscheint — erscheint in ihrer Schöne.
Die Nachtigall singt ihre liebsten Töne —
Ja, sie erscheint — in tiefster Ehrfurcht neigen
Sich alle Blumen ihr im tiefsteu Schweigen;
Aus Morgenröthe ist ihr Kleid gewoben,
Ein Thaugefunkel glänzt als Krone oben.
Stolz steht sie da — und doch, so wie ich wähne,
Von Scham geröthet ob der eig'nen Schöne.
Die Luft durchbebt ein Singen und ein Klingen,
Ein Wonnehauch eilt, Alles zu durchdringen,
Des Himmels Bläue war noch nie so rein,
So lachte nie die Flur im Sonnenschein.
Hier steht sie da, — wie ihre Düfte fließen,
Eilt Alles sich in Liebe zu ergießen.

C. Braun.

120. Der Blumen Zeugniß von Gott.

Wer hat die Blumen nur erdacht? Wer hat sie so schön gemacht? Gelb und roth und weiß und blau, daß ich meine Lust d'ran schau'? Wer hat im Garten und im Feld sie auf einmal hingestellt? Erst war's noch so hart und kahl, blüht nun Alles auf einmal. Wer ist's, der ihnen Alles schafft, in den Wurzeln frischen Saft, gießt den Morgenthau hinein, schickt den hellen Sonnenschein? Wer ist es, der sie alle ließ duften noch so schön und süß, daß die Menschen, groß und klein, sich in ihren Herzen freu'n? Wer das ist und wer das kann und nicht müde wird daran, das ist Gott in seiner Kraft, der die lieben Blumen schafft.